2025 国家统一法律职业资格考试

百日通关攻略

BAIRI TONGGUAN GONGLÜE

刑 诉 法

嗨学法考 组编　　　李辞 编著

中国农业出版社

北京

图书在版编目（CIP）数据

国家统一法律职业资格考试·百日通关攻略. 刑诉法 / 嗨学法考组编；李辞编著. -- 北京 : 中国农业出版社, 2024. 9. -- ISBN 978-7-109-32497-8

Ⅰ. D92

中国国家版本馆CIP数据核字第2024Z4C980号

国家统一法律职业资格考试·百日通关攻略·刑诉法

GUOJIA TONGYI FALÜ ZHIYE ZIGE KAOSHI · BAIRI TONGGUAN GONGLÜE · XINGSUFA

中国农业出版社出版

地址：北京市朝阳区麦子店街18号楼

邮编：100125

责任编辑：李昕昱

文字编辑：陈亚芳

责任校对：吴丽婷

印刷：正德印务（天津）有限公司

版次：2024年9月第1版

印次：2024年9月第1次印刷

发行：新华书店北京发行所

开本：787mm×1092mm　1/16

总印张：89.5

总字数：2233千字

总定价：298.00元（全8册）

使用指南

第一次使用本书的同学们，请花几分钟阅读本页，了解如何最大限度地使用这本书。另外，本书的权益是配套课程及题库，扫码即可获取8位作者的240小时配套精讲课程及章节精练3500题。同学们可以对着本书，听课、练习！

知识点 »

这里是高频考察的知识点，须仔细阅读，如未完全理解可立即听课加深理解。

图 表 »

简洁明了的表格，提炼考点的关键信息，方便你对比记忆。

例 »

举例子，方便你更易读懂重要知识点。

题 »

精选与章节知识点相结合的题，助你及时检验学习成果，查漏补缺。

注 意 »

关键信息提示，加深理解，避免忽视重点信息。

💡 知识点

一、自然人的民事权利能力

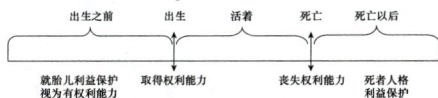

出生之前	出生	活着	死亡	死亡以后
就胎儿利益保护视为有权利能力	取得权利能力		丧失权利能力	死者人格利益保护

1. 信用证欺诈的种类		（1）开立假信用证；（2）"软条款"信用证，即以信用证附加条件等方式加重受益人（卖方）风险；（3）伪造单据；（4）以保函换取与信用证相符的提单；（5）受益人（卖方）恶意不交货或交付的货物无价值等。
2. 信用证欺诈例外（止付信用证项下款项）	（1）止付条件	①必须由有管辖权的法院审理判决终止支付信用证项下款项。②申请人须提供证据材料证明有信用证欺诈情形。③不中止支付将会使申请人合法权益遭到难以弥补的损失。④申请人提供了可行、充分的担保。
	（2）禁止止付情形	存在如下情形，则不能再通过司法手段干预信用证下的付款：①开证行的指定人、授权人已按照开证行的指令善意地进行了付款或承兑；②保兑行善意地履行了付款义务；③议付行善意地进行了议付。

例 甲死亡时，父亲早已去世，留有母亲和怀孕的妻子，B超检查为宫内单胎。甲留有遗产 30 万元，在分割遗产时，视为胎儿有权利能力，参与继承。若胎儿出生为死体，则其民事权利能力自始不存在，甲的遗产由甲的继承人（甲妻和甲母）继承（每人各得二分之一）。若胎儿出生时为活体随即死亡（先活后死），则甲的遗产先被出生的婴儿、甲妻、甲母继承（该婴儿、甲妻、甲母各得三分之一），该婴儿死亡后其所得遗产再被其继承人（甲的妻子）继承，此时甲的妻子得三分之二（甲母得三分之一）。

[考点练习]

根据《民事诉讼法》和有关司法解释的规定，以下哪种证据，当事人无权申请法院责令对方当事人提交？

A. 书证　　　　B. 物证
C. 视听资料　　D. 电子数据

答案：B

解析：根据《民事证据规定》，目前三类证据都可以申请文书提出命令：书证、视听资料、电子数据。在德日等大陆法系国家，有关书证的规则也适用于视听资料和电子数据，《民事证据规定》第 99 条作了同样的规定：关于书证的规定适用于视听资料、电子数据。

🔍 注意 法是统治阶级意志的体现，并不意味着统治阶级的意志就是法。统治阶级的意志只有经过国家机关被上升为国家意志、被客观化正式化为具体规定才能成为法。统治阶级意志也可能表现为政策等。

考 点

掌握主要知识点，让学习目标更明确。

文 字

双色突出重点，助你快速识别知识要点。

解 析

深化解题思路，掌握解题技巧。

未完待续……

课 程 使 用 指 导

仅需一键扫码，就可领取与图书完全配套的精讲课程。段波、张宇琛等8位作者在等你哦！

扫码获取
配套课程及题库

step 1

点击**学习**——在这里找到2025考季百日通关课程，点击进入。

我的课程　　　　　法律职业资格考试 >

2025百日通关图书配课

2025.12.31过期　　去学习 >

学习

step 2

点击**课程**——在这里可以看到8大科目并可随意切换，选定相应科目后，点击学习即可听课。

课程　资料

刑法

2025考季

知识精讲

继续学习

step 3

点击**题库**——在这里切换做题模式。

点击**客观题**——在这里可以切换"客观题"和"主观题"两种考试形式，选定科目后即可看到相应的章节精炼。

数字化题库记录你的做题数据、错题集、收藏夹、练习历史，方便查漏补缺。

客观题

刑法　刑诉　民法　民诉　行政法　商经法

做题数据　错题集　收藏夹　练习历史

章节精炼
191/531题　57%

每日一题

连对挑战　智能测评

易错题库
已刷0道题

高频考点
已刷0道题

历年真题
已做1套/共52套

模拟测试
已做0套/共112套

发现　学习　题库　我的

刑事诉讼法学习方法与整体架构

刑事诉讼法的学习方法：

第一，理解制度与程序背后的理论基础与立法背景。

第二，做好关联知识点的总结与对比。

第三，反复记忆。

整体学习路径：理解—记忆—总结—重复。

刑事诉讼法整体架构如下：

总论	第一章 刑事诉讼法概述		基础理论
	第二章 刑事诉讼法的基本原则		
	第三章 管辖		诉讼制度
	第四章 回避		
	第五章 辩护与代理		
	第六章 刑事证据		
	第七章 强制措施		
	第八章 附带民事诉讼		
	第九章 期间与送达		
分论	第十章 立案		诉讼阶段
	第十一章 侦查		
	第十二章 起诉		
	第十三章 刑事审判概述	审判	
	第十四章 第一审程序		
	第十五章 第二审程序		
	第十六章 死刑复核程序		
	第十七章 审判监督程序		
	第十八章 执行		

（续）

特别程序	第十九章 未成年人刑事案件诉讼程序
	第二十章 当事人和解的公诉案件诉讼程序
	第二十一章 缺席审判程序
	第二十二章 犯罪嫌疑人、被告人逃匿、死亡案件违法所得的没收程序
	第二十三章 依法不负刑事责任的精神病人的强制医疗程序
	第二十四章 涉外刑事诉讼程序与司法协助制度

目 录

第一章 刑事诉讼法概述

扫描右侧二维码"听课 + 做题",直达最佳学习效果

1. 在线听课:学习本章节核心考点讲解课程。

2. 在线刷题:点击 🏠 进入题库做章节练习。

考点 1:诉讼与刑事诉讼 ★

诉讼	概念	原告对被告提出告诉,由中立的裁判官解决双方争议的活动
	成立条件	(1)原告的告诉 (2)适格的被告 (3)中立的裁判官
刑事诉讼	概念	人民法院、人民检察院和公安机关在当事人及其他诉讼参与人的参加下,依照法定程序,解决被追诉人刑事责任问题的活动
	特征	(1)由国家专门机关主持的司法活动 (2)公安、司法机关行使国家刑罚权的活动 (3)严格依照法定程序进行的活动 (4)在当事人和其他诉讼参与人的参加下进行的活动

考点 2:刑事诉讼法的概念与渊源 ★

概念	国家制定的规范人民法院、人民检察院和公安机关进行诉讼,当事人和其他诉讼参与人参加刑事诉讼的法律 (1)狭义:刑事诉讼法典 (2)广义:一切有关刑事诉讼的法律规范的总称
渊源 (表现形式)	(1)宪法 (2)刑事诉讼法典 (3)有关法律规定 (4)有关法律解释和规定 (5)地方性法规(地方人大及其常委会颁布的地方性法规中关于刑事诉讼程序的规定) (6)国际公约和条约

考点 3：刑事诉讼法与刑法的关系 ★★★

工具价值 （外在价值）	（1）设置专门机关，为实体法的适用提供组织保障 （2）明确主体权责，为实体法的适用搭建基本架构 （3）规定诉讼程序，为实体法的适用提供有序规范 （4）确立证据规则，为实体问题的查明提供证据指引 （5）通过程序设计，避免实体法适用上的误差 （6）针对不同案件进行繁简有别的程序设计，提升办案效率
独立价值 （内在价值）	（1）程序本身即体现文明、民主与法治 （2）弥补实体法的不足并创制实体法： ①解读抽象或模糊的刑法语义 ②通过程序消除实体法条文在应用中存在的歧义 ③通过程序确定不协调的刑法规范间的适用 ④通过判例创制实体法的内容 （3）影响甚至阻却实体法功能的实现

考点 4：刑事诉讼法与法治国家 ★★

刑事诉讼法 与法治国家	（1）刑事诉讼法限制国家权力，保障公民自由与人权 （2）刑事诉讼法与法治国家的关系，集中体现于刑事诉讼法与宪法的关系中
刑事诉讼法 与宪法	（1）宪法是静态的刑事诉讼法：刑事诉讼法中的程序性条款，构成了宪法人权保障条款的核心 （2）刑事诉讼法是动态的宪法：刑事诉讼法的实施，有利于维护宪法

考点 5：刑事诉讼的基本理念 ★★★★

惩罚犯罪 v. 保障人权	（1）惩罚犯罪：在准确、及时查明案件事实的基础上，对构成犯罪的人公正适用刑法，以打击犯罪 （2）保障人权：①无辜的人不受追究；②有罪的人受到公正处罚；③诉讼权利得到充分保障和行使 （3）二者关系：对立统一，二者并重
实体公正 v. 程序公正	（1）实体公正：结果公正（证据充分；定罪准确；量刑适当；及时纠错） （2）程序公正：过程公正（保障人权；司法独立；程序公开；程序救济） （3）二者关系：二者并重（若冲突，则程序公正优先）
诉讼公正 v. 诉讼效率	（1）诉讼效率的体现：诉讼期限；裁量不起诉；简易程序；速裁程序；"认罪认罚从宽" （2）二者关系：公正优先，兼顾效率

考点6：刑事诉讼的基本范畴★★★★

刑事诉讼价值	公正	（1）刑事诉讼的核心价值 （2）包括实体公正与程序公正	
	秩序	（1）社会秩序：通过追诉犯罪，维护社会秩序 （2）诉讼秩序：追诉犯罪的活动本身必须有序	
	效益	（1）社会效益：刑事诉讼对推动社会经济发展的效益 （2）诉讼效率：诉讼活动本身的效率	
刑事诉讼目的	刑事诉讼目的的理论分类	犯罪控制模式 v. 正当程序模式	（1）犯罪控制模式：①视控制犯罪为刑事诉讼的根本目的；②重视惩罚犯罪的效率 （2）正当程序模式：①源于"自然法"学说；②更重视权利保障与程序正当
		家庭模式 v. 争斗模式	（1）家庭模式：强调国家与个人间的和谐关系 （2）争斗模式：强调国家与个人间的争斗关系
		实体真实主义 v. 正当程序主义	（1）实体真实主义： ①积极的实体真实主义：重实体轻程序；重实体真实，轻人权保障 ②消极的实体真实主义：力求避免追诉无辜 （2）正当程序主义：事实认定应当依照正当程序进行
	中国刑事诉讼目的	（1）根本目的：维护社会秩序 （2）直接目的：惩罚犯罪，保障人权	
刑事诉讼主体	专门机关	（1）公安机关（国家安全机关、军队保卫部门、监狱、海警机构） （2）检察院 （3）法院	
	诉讼参与人	当事人	（1）公诉案件：犯罪嫌疑人、被告人、被害人 （2）自诉案件：被告人、自诉人 （3）附带民事诉讼：附带民事诉讼原告人、附带民事诉讼被告人
		其他诉讼参与人	（1）法定代理人 （2）诉讼代理人 （3）辩护人 （4）证人 （5）鉴定人 （6）翻译人员 【总结】4种不具有诉讼参与人身份的人：近亲属、见证人、值班律师、有专门知识的人

（续）

刑事诉讼职能	控诉职能	（1）**公诉案件**：检察机关＋诉讼代理人 【注意】检察机关除了控诉职能，还具有法律监督职能 由于侦查是公诉的准备活动，故从广义上可以将侦查视为行使控诉职能 （2）**自诉案件**：自诉人及其法定代理人、诉讼代理人 【注意】被害人只有在作为自诉人的时候，才行使控诉职能		
	辩护职能	犯罪嫌疑人、被告人及其法定代理人、辩护人		
	审判职能	法院		
刑事诉讼构造		**主要目的**	**诉讼主导权**	**代表性国家**
	当事人主义	保障人权	当事人（控辩双方）	英美法系国家
	职权主义	控制犯罪；实体真实	国家机关	大陆法系国家
	混合式	控制犯罪与保障人权并重	当事人为主，国家机关为辅	日本、意大利
刑事诉讼阶段	公诉案件	立案——侦查——审查起诉——审判（一审——二审——死刑复核——再审）——执行		
	自诉案件	法院受理——审判——执行		

第二章　刑事诉讼法的基本原则

扫描右侧二维码"听课＋做题"，直达最佳学习效果
1. 在线听课：学习本章节核心考点讲解课程。
2. 在线刷题：点击🏠进入题库做章节练习。

考点 1：刑事诉讼法基本原则概述 ★★★

概念	由刑事诉讼法规定的，贯穿于刑事诉讼的全过程或主要诉讼阶段，公安机关、检察院、法院和诉讼参与人进行刑事诉讼活动所必须遵循的基本准则
特点	（1）包含丰富的诉讼原理，体现了刑事诉讼活动的基本规律 （2）由刑事诉讼法明确规定 【注意】"刑事诉讼的原则"既可由法律条文明确规定，也可体现于刑事诉讼法的指导思想、目的、任务、具体制度和程序之中 （3）一般贯穿于刑事诉讼全过程，具有普遍指导意义（例外：两审终审原则、审判公开原则） （4）具有法律约束力
种类	（1）一般性原则：行政诉讼、民事诉讼和刑事诉讼中都必须遵守的共同性行为准则 （2）特有原则：刑事诉讼不同于民事诉讼、行政诉讼的特有原则

考点 2：职权专属原则 ★★

权力属性	行使机关	内容
侦查权	公安机关	侦查、拘留、执行逮捕、预审
检察权	检察院	检察、批准或决定逮捕（"批准"针对公安机关报请，"决定"针对自侦案件的逮捕与审查起诉阶段的逮捕）、提起公诉
审判权	法院	一审、二审、再审

考点 3：法院、检察院依法独立行使职权原则 ★★★

含义	人民法院依照法律规定独立行使审判权，人民检察院依照法律规定独立行使检察权，不受行政机关、社会团体和个人的干涉

（续）

要点	（1）要接受各级人民代表大会的<u>监督</u> （2）法院、检察院整体独立 （3）不等于"法官、检察官个人独立" （4）不等于"合议庭独立" 【注意】我国的法院、检察院独立行使职权强调的是单位整体的外部独立，而非司法官个人独立

💡【关联知识点】上下级法院、检察院的关系

上下级法院之间	监督关系：上级法院不得干涉下级法院的审判活动
上下级检察院之间	领导关系：上级检察院可以对下级检察院的业务发布指令（"检察一体"原则）

考点 4：检察监督原则 ★★★★

对象	公权力
范围	（1）立案监督；（2）侦查监督（包括对逮捕的监督）；（3）审判监督；（4）执行监督 【总结】三大诉讼全覆盖，刑事诉讼全过程
方式	（1）提出口头纠正意见；（2）发出纠正违法通知书；（3）提出检察建议；（4）追究刑事责任 【注意】检察官个人仅可决定提出口头纠正意见，其他监督方式均须经检察长决定

💡【关联知识点】检察机关中立立场与检察官客观义务

（1）**检察机关中立立场**：检察院办理刑事案件，以事实为根据，以法律为准绳，秉持客观公正立场 （2）**检察官客观义务**：检察官既是犯罪的追诉者，也是无辜的保护者 （3）**具体要求**：检察官作为检察机关的代表在参与刑事诉讼过程中不能单纯站在追诉者的立场一味地考虑如何追诉犯罪，而应当既注重不利于被追诉人的内容，又注重有利于被追诉人的因素。因此，有利于、不利于被告人的相关材料都应当移送法院

考点 5：各民族公民有权使用本民族语言文字进行诉讼原则 ★★

诉讼参与人的权利	诉讼参与人都有使用本民族语言文字进行诉讼的权利
专门机关的义务	（1）**使用当地语言**：在少数民族聚居或多民族杂居的地区，应当用当地通用的语言进行诉讼，用当地通用的文字发布判决书、布告和其他文件 （2）**提供翻译**：对不通晓当地语言文字的诉讼参与人，专门机关应当为其提供翻译人员

考点 6：定罪权专属法院原则 ★★★★

含义	确定被告人有罪的权力由法院统一行使，其他任何机关、团体和个人都无权行使 《刑事诉讼法》第 12 条规定，未经人民法院依法判决，对任何人都不得确定有罪

（续）

要点	（1）区分"犯罪嫌疑人""被告人""罪犯" （2）控方（公诉人、自诉人）承担证明责任 （3）不等于"无罪推定" （4）不等于"疑罪从无"
无罪推定	任何人，在法院依法确定为有罪之前，都应当被推定为无罪
疑罪从无	对于证据不足的案件，法院应当作出证据不足、指控罪名不能成立的无罪判决

考点 7：认罪认罚从宽原则／制度★★★★★

含义	对于自愿认罪并自愿接受处罚的被追诉人，可以从宽处理①
适用阶段	刑事诉讼全过程（侦查、起诉、审判）
案件范围	不限

---

① 《刑事诉讼法》第 15 条规定，犯罪嫌疑人、被告人自愿如实供述自己的罪行，承认指控的犯罪事实，愿意接受处罚的，可以依法从宽处理。

（续）

内涵	（1）**认罪**：①自愿如实供述罪行；②对指控的主要犯罪事实无异议；③认识到自己实施了触犯刑法的犯罪行为 【总结】事实供认（承认主要事实）＋价值评价（承认触犯刑法） 关于"认罪"的认定，重点把握以下几点： ①不要求对指控罪名的认可 ②被追诉人承认指控的主要犯罪事实，但对个别情节提出异议，或对行为性质提出辩解但表示接受司法机关认定意见的，不影响"认罪"的认定 ③一人犯数罪案件，仅如实供述其中一罪或部分罪名事实的，全案不作"认罪"认定 【注意】如实供述部分，可成立自首或坦白 ④被追诉人表示认罪，但暗中串供、干扰证人作证、毁灭及伪造证据的，不适用认罪认罚从宽制度 （2）**认罚**：①自愿接受刑罚（包括主刑、附加刑）；②积极退赃退赔 【注意】 ①被追诉人表示认罚，但隐匿、转移财产，有赔偿能力而不赔偿损失的，不适用认罪认罚从宽制度 ②被追诉人不同意适用简易、速裁程序的，不影响"认罚"的认定 认罚在不同诉讼阶段的体现： ①侦查阶段：自愿接受处罚 【注意】侦查阶段不得作出具体的从宽承诺 ②审查起诉阶段：接受检察机关拟作出的起诉或不起诉决定，认可检察机关的量刑建议，签署认罪认罚具结书 ③审判阶段：当庭确认自愿签署具结书，自愿接受处罚 （3）**可以**从宽处理：①实体上，给予量刑优惠；②程序上，适用简化程序 从宽幅度的把握： ①应区别认罪认罚的不同诉讼阶段、对查明案件事实的价值和意义、是否确有悔罪表现，以及罪行严重程度等，综合考量确定从宽的限度和幅度 ②在刑罚评价上，主动认罪优于被动认罪，早认罪优于晚认罪，彻底认罪优于不彻底认罪，稳定认罪优于不稳定认罪 ③认罪认罚的从宽幅度一般应当大于仅有坦白，或虽认罪但不认罚的从宽幅度 ④对具有自首、坦白情节，同时认罪认罚的被追诉人，应当在法定刑幅度内给予相对更大的从宽幅度 ⑤从宽幅度应考量罪行轻重，人身危险性大小，是否初犯、偶犯

（续）

被害方权益保障	（1）**听取意见**：办理认罪认罚案件，应当听取被害人及其诉讼代理人的意见，并将被追诉人是否与被害方达成和解协议、调解协议或赔偿被害方损失，取得被害方谅解，作为从宽处罚的重要考虑因素 公安机关、检察院听取意见情况应当记录在案并随案移送 （2）**促进和解、谅解**： ①对于符合当事人和解的公诉程序适用条件的公诉案件，被追诉人认罪认罚的，办案机关**应当**积极促进当事人自愿达成和解 ②对其他认罪认罚案件，办案机关**可以**促进被追诉人通过向被害方赔偿损失、赔礼道歉等方式获得谅解，被害方出具的谅解意见应当随案移送 ③办案机关在促进当事人和解、谅解过程中，应当向被害方释明认罪认罚从宽、公诉案件当事人和解适用程序等具体法律规定，充分听取被害方意见，符合司法救助条件的，应当积极协调办理 （3）**对被害方异议的处理**： ①被害人及其诉讼代理人不同意对认罪认罚的被追诉人从宽处理的，不影响认罪认罚从宽制度的适用 ②被追诉人认罪认罚，但没有退赃退赔、赔偿损失，未能与被害方达成调解或和解协议的，从宽时应当予以酌减 ③被追诉人自愿认罪并且愿意积极赔偿损失，但由于被害方赔偿请求明显不合理，未能达成调解或和解协议的，一般不影响对被追诉人从宽处理
强制措施的适用	（1）**社会危险性评估**：办案机关应当将被追诉人认罪认罚情况作为是否具有社会危险性的重要考虑因素 （2）**羁押必要性审查**：已经逮捕的被追诉人认罪认罚的，法院、检察院应当及时审查羁押的必要性，经审查认为没有继续羁押必要的，应当变更为取保候审或监视居住
社会调查	（1）**侦查阶段的社会调查**： ①犯罪嫌疑人认罪认罚，可能被判处**管制**、宣告**缓刑**的，公安机关可以委托犯罪嫌疑人**居住地**的社区矫正机构进行调查评估 ②公安机关在侦查阶段委托社区矫正机构进行调查评估，社区矫正机构在公安机关移送审查起诉后完成调查评估，应当及时将评估意见提交受理案件的检察院或法院，并抄送公安机关 （2）**审查起诉阶段的社会调查**： ①犯罪嫌疑人认罪认罚，检察院拟提出缓刑或管制量刑建议的，可以委托犯罪嫌疑人居住地的社区矫正机构进行调查评估，**也可以自行调查评估** ②检察院提起公诉时，已收到调查材料的，应当将材料一并移送；未收到调查材料的，应当将委托文书随案移送 在提起公诉后收到调查材料的，应当及时移送法院 （3）**审判阶段的社会调查**： ①被告人认罪认罚，法院拟判处管制或宣告缓刑的，可以委托被告人居住地的社区矫正机构进行调查评估，**也可以自行调查评估** ②社区矫正机构出具的调查评估意见，是法院判处管制、宣告缓刑的重要参考 ③对没有委托社区矫正机构进行调查评估或判决前未收到社区矫正机构调查评估报告的认罪认罚案件，法院经审理认为被告人符合管制、缓刑适用条件的，可以判处管制、宣告缓刑 【注意】未经社会调查，亦可判处管制、宣告缓刑 （4）**司法行政机关的职责**：对被追诉人的居所情况、家庭和社会关系、一贯表现、犯罪行为的后果和影响、居住地村（居）民委员会和被害人意见、拟禁止的事项等进行调查了解，形成评估意见，及时提交委托机关

（续）

社会调查	【总结】 ①适用对象：认罪认罚＋管制、缓刑 ②决定机关：公、检、法 ③执行机关：社区矫正机构＋检察院＋法院
认罪认罚的 反悔与撤回	（1）**不起诉后反悔**：因犯罪嫌疑人认罪认罚，检察院作出酌定不起诉决定后，犯罪嫌疑人否认指控的犯罪事实或不积极履行赔礼道歉、退赃退赔、赔偿损失等义务的，检察院应当进行审查，区分下列情形作出处理： ①发现犯罪嫌疑人没有犯罪事实，或符合《刑事诉讼法》第16条规定的情形之一的，应当撤销原不起诉决定，重新作出不起诉决定 ②认为犯罪嫌疑人仍属于犯罪情节轻微，依照刑法规定不需要判处刑罚或免除刑罚的，可以维持原不起诉决定 ③排除认罪认罚因素后，符合起诉条件的，应当根据案件具体情况撤销原不起诉决定，提起公诉 （2）**起诉前反悔**：犯罪嫌疑人认罪认罚，签署认罪认罚具结书，在检察院提起公诉前反悔的，具结书失效，检察院应当在全面审查事实证据的基础上，提起公诉 （3）**审判阶段反悔**：案件审理过程中，被告人反悔不再认罪认罚的，法院应当根据审理查明的事实作出裁判： ①被告人签署认罪认罚具结书后，庭审中反悔不再认罪认罚的，检察院应当了解反悔的原因。被告人明确不再认罪认罚的，检察院应当建议法院不再适用认罪认罚从宽制度，撤回从宽量刑建议，并建议法院在量刑时考虑相应情况。依法需要转为普通程序或者简易程序审理的，检察院应当向法院提出建议 ②被告人认罪认罚而庭审中辩护人作无罪辩护的，检察院应当核实被告人认罪认罚的真实性、自愿性。被告人仍然认罪认罚的，可以继续适用认罪认罚从宽制度
意义	有利于准确及时惩罚犯罪，强化人权司法保障，化解社会矛盾，合理配置司法资源，实现简案快审和难案精审，提高重大案件的审判质量，同时有助于促进犯罪者的认罪悔罪与教育改造，实现预防再犯的刑罚目的

考点8：具有法定情形不予追究刑事责任原则★★★★★

法定不追诉之情形	立案	侦查	审查起诉	审判
情节**显著**轻微，危害不大，不认为是犯罪	不立案	撤销案件	不起诉	宣告无罪
犯罪已过追诉**时效**期限①	不立案	撤销案件	不起诉	终止审理
经**特赦**令免除刑罚	不立案	撤销案件	不起诉	终止审理
告诉才处理，没有告诉或撤回告诉	不立案	撤销案件	不起诉	终止审理
被追诉人**死亡**	不立案	撤销案件	不起诉	查明无罪的：宣告无罪不能确定的：终止审理
其他	不立案	撤销案件	不起诉	终止审理

---

① 《刑法》第87条规定，犯罪经过下列期限不再追诉：法定最高刑为不满5年有期徒刑的，经过5年；法定最高刑为5年以上不满10年有期徒刑的，经过10年；法定最高刑为10年以上有期徒刑的，经过15年；法定最高刑为无期徒刑、死刑的，经过20年。如果20年以后认为必须追诉的，须报请最高人民检察院核准。

第三章　管辖

扫描右侧二维码"听课 + 做题"，直达最佳学习效果

1. 在线听课：学习本章节核心考点讲解课程。
2. 在线刷题：点击⌂进入题库做章节练习。

考点1：立案管辖★★★★

公安机关	一般刑事案件
国家安全机关	危害国家安全的刑事案件[①]
军队保卫部门	**军队内部**发生的刑事案件 【注意】涉及军事秘密的，全案由军队保卫部门侦查
监狱	**罪犯在监狱内**的犯罪
海警机构	海上发生的刑事案件 管辖地未设置海警机构的，由有关海警局商同级检察院、法院指定管辖
监察机关	（1）贪污贿赂案件（主体：国家工作人员） （2）渎职案件（主体：国家机关工作人员） 监察对象：[②] ①公务员与参公管理人员 ②受委托管理公共事务的组织中从事公务的人员 ③国企管理人员 ④公办的教育、科研、文化、医疗卫生、体育等单位中从事管理的人员 ⑤基层群众性自治组织中从事管理的人员 ⑥其他依法履行公职的人员 【总结】监察对象：①公职人员全覆盖；②根据事权确定

[①] "危害国家安全罪"规定于刑法分则第一章，包含12个罪名：（1）背叛国家罪；（2）分裂国家罪；（3）煽动分裂国家罪；（4）武装叛乱、暴乱罪；（5）颠覆国家政权罪；（6）煽动颠覆国家政权罪；（7）资助危害国家安全犯罪活动罪；（8）投敌叛变罪；（9）叛逃罪；（10）间谍罪；（11）为境外窃取、刺探、收买、非法提供国家秘密、情报罪；（12）资敌罪。

[②] 《监察法》第15条规定，监察机关对下列公职人员和有关人员进行监察：（1）中国共产党机关、人民代表大会及其常务委员会机关、人民政府、监察委员会、人民法院、人民检察院、中国人民政治协商会议各级委员会机关、民主党派机关和工商业联合会机关的公务员，以及参照《中华人民共和国公务员法》管理的人员；（2）法律、法规授权或受国家机关依法委托管理公共事务的组织中从事公务的人员；（3）国有企业管理人员；（4）公办的教育、科研、文化、医疗卫生、体育等单位中从事管理的人员；（5）基层群众性自治组织中从事管理的人员；（6）其他依法履行公职的人员。

（续）

人民检察院 （可以）	（1）**司法工作人员利用职权实施的犯罪**：①非法拘禁罪；②非法搜查罪；③刑讯逼供罪；④暴力取证罪；⑤虐待被监管人罪；⑥滥用职权罪；⑦玩忽职守罪；⑧徇私枉法罪；⑨民事、行政枉法裁判罪；⑩执行判决、裁定失职罪；⑪执行判决、裁定滥用职权罪；⑫私放在押人员罪；⑬失职致使在押人员脱逃罪；⑭徇私舞弊减刑、假释、暂予监外执行罪 【注意】 ①主体为司法工作人员（此处"司法工作人员"作扩大解释，包括公安、司法行政机关工作人员） ②必须利用职权实施 ③"可以"由检察院立案侦查 ④管辖级别：设区的市级检察院① （2）**公安机关管辖的国家机关工作人员利用职权实施的重大犯罪**（机动侦查权） 【注意】 ①机动侦查权不涉及监察机关管辖的案件 ②须经省级以上检察院决定 ③"可以"由检察院立案侦查	
人民法院 （自诉案件）	（1）**告诉才处理：** ①侮辱、诽谤案（严重危害社会秩序和国家利益的除外） ②暴力干涉婚姻自由案（致被害人死亡的除外） ③虐待案（致被害人重伤或死亡的除外；被害人没有能力告诉或因受到强制、威吓无法告诉的除外） ④侵占案（绝对自诉） 【注意】重婚案、遗弃案不属于"告诉才处理"	纯粹自诉

---

① 《人民检察院刑事诉讼规则》第14条规定，人民检察院办理直接受理侦查的案件，由设区的市级人民检察院立案侦查。基层人民检察院发现犯罪线索的，应当报设区的市级人民检察院决定立案侦查。

设区的市级人民检察院根据案件情况也可以将案件交由基层人民检察院立案侦查，或者要求基层人民检察院协助侦查。对于刑事执行派出检察院辖区内与刑事执行活动有关的犯罪线索，可以交由刑事执行派出检察院立案侦查。

最高人民检察院、省级人民检察院发现犯罪线索的，可以自行立案侦查，也可以将犯罪线索交由指定的省级人民检察院或设区的市级人民检察院立案侦查。

（续）

人民法院 （自诉案件）	（1）**告诉才处理**： ①侮辱、诽谤案（严重危害社会秩序和国家利益的除外） ②暴力干涉婚姻自由案（致被害人死亡的除外） ③虐待案（致被害人重伤或死亡的除外；被害人没有能力告诉或因受到强制、威吓无法告诉的除外） ④侵占案（绝对自诉） 【注意】重婚案、遗弃案不属于"告诉才处理"	纯粹自诉
	（2）**被害人有证据证明的轻微（3年以下）刑事案件（7+1）**： ①遗弃案 ②妨害通信自由案 ③重婚案 ④非法侵入他人住宅案 ⑤故意伤害（致人轻伤）案 ⑥侵犯知识产权案 ⑦生产、销售伪劣商品案 ⑧刑法分则第四章、第五章规定的，可能判处3年有期徒刑以下刑罚的案件 【注意】 ①适用前提：检察院未提起公诉 ②对证据不足，可以由公安机关受理的，或认为对被告人可能判处3年有期徒刑以上刑罚的，应当告知被害人向公安机关报案，或移送公安机关立案侦查（自诉转公诉）	可自诉， 可公诉
	（3）**公诉转自诉**：被害人**有证据证明**对被告人侵犯自己**人身、财产权利**的行为应当追究刑事责任，而公安司法机关不予追究的案件 【注意】在公诉转自诉案件中，被害人需要对两项事实承担举证责任：①存在犯罪事实；②自己提出过控告	不得调解 不得反诉
并案管辖	公、检、法对于具有以下情形的案件**可以**在其**职责范围**内并案处理（《六机关规定》）： （1）一人犯数罪的 （2）共同犯罪的 （3）共同犯罪的被追诉人还实施其他犯罪的 （4）多名被追诉人实施的犯罪**存在关联**，并案处理**有利于查明案件事实**的	

（续）

交叉管辖	**公、检、法与监察委交叉**	被调查人既涉嫌严重职务违法或职务犯罪，又涉嫌其他违法犯罪的，一般应当由监察机关为主调查，其他机关予以协助① 公、检、法、审计机关等国家机关在工作中发现公职人员涉嫌贪污贿赂、失职渎职等职务违法或职务犯罪的问题线索，应当移送监察机关，由监察机关调查处置
	检监竞合②	①检察院办理直接受理侦查的案件，发现犯罪嫌疑人同时涉嫌监察机关管辖的职务犯罪线索的，应当及时与同级监察机关沟通 ②认为全案由监察机关管辖更为适宜的，检察院应当将案件和相应职务犯罪线索一并移送监察机关 ③认为由监察机关和检察院分别管辖更为适宜的，检察院应当将监察机关管辖的相应职务犯罪线索移送监察机关，对依法由检察院管辖的犯罪案件继续侦查 ④检察院应当及时将沟通情况报告上一级检察院 【总结】检监竞合先沟通；全案归监或分管；沟通情况应上报 【注意】只存在监察委管辖检察院自侦案件，不存在检察院管辖监察委调查案件

考点 2：审判管辖★★★

级别管辖	**基层法院**	上级法院管辖范围外的案件
	中级法院	①危害国家安全案件 ②恐怖活动案件③ ③可能判处无期徒刑的案件 ④可能判处死刑的案件 【违法所得罚没程序】犯罪嫌疑人、被告人逃匿、死亡案件违法所得罚没程序，由犯罪地或被追诉人居住地的中级法院管辖

---

① 《监察法》第 34 条规定，人民法院、人民检察院、公安机关、审计机关等国家机关在工作中发现公职人员涉嫌贪污贿赂、失职渎职等职务违法或者职务犯罪的问题线索，应当移送监察机关，由监察机关依法调查处置。

被调查人既涉嫌严重职务违法或者职务犯罪，又涉嫌其他违法犯罪的，一般应当由监察机关为主调查，其他机关予以协助。

② 《人民检察院刑事诉讼规则》第 17 条规定，人民检察院办理直接受理侦查的案件，发现犯罪嫌疑人同时涉嫌监察机关管辖的职务犯罪线索的，应当及时与同级监察机关沟通。

经沟通，认为全案由监察机关管辖更为适宜的，人民检察院应当将案件和相应职务犯罪线索一并移送监察机关；认为由监察机关和人民检察院分别管辖更为适宜的，人民检察院应当将监察机关管辖的相应职务犯罪线索移送监察机关，对依法由人民检察院管辖的犯罪案件继续侦查。

人民检察院应当及时将沟通情况报告上一级人民检察院。沟通期间不得停止对案件的侦查。

③ 刑法分则涉及恐怖活动犯罪的罪名有两个：（1）组织、领导、参加恐怖组织罪；（2）资助恐怖活动罪。

需要注意的是，恐怖活动犯罪属于洗钱罪的上游犯罪，故若被告人是为掩饰、隐瞒恐怖活动犯罪所得及其产生收益的来源而实施洗钱行为，则可以由中级法院并案审理。

（续）

级别管辖	中级法院	【缺席审判程序】被告人在境外的缺席审判程序，由犯罪地、被告人离境前居住地或最高法院指定的中级法院管辖 【总结】"国""恐""无""死""没""缺"
	高级法院	全省（自治区、直辖市）性重大刑事案件
	最高法院	全国性重大刑事案件
	级别管辖的原则	"上可审下，下不可审上"： （1）上级法院认为必要时，可以审判下级法院审判的第一审案件 （2）基层法院对可能判处无期徒刑、死刑的第一审刑事案件，应当移送中级法院审判 （3）向中级法院提起公诉的普通刑事案件，中级法院受理后，认为不需要判处无期徒刑以上刑罚的，应当依法审理，不再交基层法院审理
		"就高不就低"：一人犯数罪、共同犯罪或其他需要并案审理的案件，只要其中一人或一罪属于上级法院管辖的，全案由上级法院管辖
地区管辖	一般原则	（1）犯罪地法院管辖为主 （2）被告人居住地法院管辖为辅（被告人居住地法院审判更为适宜的） 犯罪地：犯罪行为地＋犯罪结果地 居住地： （1）自然人被告人：户籍地；经常居住地与户籍地不一致的，经常居住地为居住地 【经常居住地】被告人被追诉前已连续居住一年以上的地方，住院就医除外 （2）单位被告人：登记的住所地；主要营业地或主要办事机构所在地与登记的住所地不一致的，主要营业地或主要办事机构所在地为其居住地
	特殊管辖	（1）计算机网络犯罪：①服务器所在地；②网络服务提供者所在地；③被侵害的信息网络系统及其管理者所在地；④被告人、被害人使用的信息网络系统所在地；⑤被害人被侵害时所在地；⑥被害人财产遭受损失地 （2）内水、领海犯罪：在中国内水、领海发生的刑事案件，由犯罪地或被告人登陆地的法院管辖。由被告人居住地的法院审判更为适宜的，可以由被告人居住地的法院管辖 （3）列车犯罪： ①被告人在列车运行途中被抓获的，由前方停靠站所在地负责审判铁路运输刑事案件的法院管辖。必要时，也可以由始发站或终点站所在地负责审判铁路运输刑事案件的法院管辖 【注意】 "前方停靠站"≠"最初停靠站" "负责审判铁路运输刑事案件的法院"≠"铁路运输法院" ②被告人不是在列车运行途中被抓获的，由负责该列车乘务的铁路公安机关对应的审判铁路运输刑事案件的法院管辖；被告人在列车运行途经车站被抓获的，可以由该车站所在地负责审判铁路运输刑事案件的法院管辖 （4）国际列车犯罪：在国际列车上的犯罪，根据我国与相关国家签订的协定确定管辖；没有协定的，由该列车始发或前方停靠的中国车站所在地负责审判铁路运输刑事案件的法院管辖

（续）

地区管辖	**特殊管辖**		（5）**域外中国船舶内犯罪**：①船舶最初停泊的中国口岸所在地；②被告人登陆地、入境地 （6）**域外中国航空器内犯罪**：航空器在中国最初降落地 （7）**中国公民在中国驻外使领馆内犯罪**：①主管单位所在地；②原户籍地 （8）**中国公民在域外犯罪**：由其登陆地、入境地、离境前居住地或现居住地的法院管辖；被害人是中国公民的，也可以由被害人离境前居住地或现居住地的法院管辖 （9）**外国人在域外对中国国家或公民犯罪，根据中华人民共和国刑法应当受处罚的**：由该外国人登陆地、入境地或入境后居住地的法院管辖，也可以由被害人离境前居住地或现居住地的法院管辖 （10）**国际条约规定罪行**：对中国缔结或参加的国际条约所规定的罪行，中国在所承担条约义务的范围内行使刑事管辖权的，由被告人被抓获地、登陆或入境地的法院管辖
	管辖竞合		两个以上同级法院都有管辖权的案件，由最初受理的法院审判。必要时，可以移送被告人主要犯罪地的法院审判
	指定管辖	情形	（1）管辖不明：管辖权不明或有争议 （2）管辖不宜：有管辖权的法院因院长回避或其他原因不宜行使管辖权
		争议处理	（1）对管辖权有争议的，争议法院应当在审限内协商解决 （2）协商不成的，分别层报共同的上级法院指定管辖
		指定方式	上级法院可直接管辖，也可指定下级法院的同级法院管辖
		案卷处理	（1）公诉案件：书面通知同级检察院，将案卷材料退回，并书面通知当事人 （2）自诉案件：将案卷材料移送被指定管辖的法院，并书面通知当事人
		审限	自被指定管辖的法院收到指定管辖决定书和有关案卷、证据材料之日起计算
	并案管辖		（1）法院发现被告人还有其他犯罪被起诉的，可以并案审理；涉及同种犯罪的，一般应当并案审理 （2）法院发现被告人还有其他犯罪被审查起诉、立案侦查、立案调查的，可以协商检察院、公安机关、监察机关并案处理，但可能造成审判过分迟延的除外 （3）根据前述规定并案处理的案件，由最初受理地的法院审判。必要时，可以由主要犯罪地的法院审判 【注意】"最初受理地的法院"≠"最初受理的法院"
	漏罪与新罪的管辖	漏罪	原审地法院为主；罪犯服刑地或犯罪地法院为辅（由罪犯服刑地或犯罪地的法院审判更为适宜的）
		新罪	罪犯在服刑期间又犯罪的，由服刑地的法院管辖

第四章 回避

扫描右侧二维码"听课＋做题"，直达最佳学习效果
1. 在线听课：学习本章节核心考点讲解课程。
2. 在线刷题：点击🏠进入题库做章节练习。

考点：回避★★★

适用对象	（1）侦查人员、检察人员（包括检委会委员）、审判人员（包括审委会委员、人民陪审员）、法官助理 （2）参与侦查、审查起诉、审判程序的书记员、鉴定人、翻译人员、具有专门知识的人 【注意】不适用回避的人员：辩护人、诉讼代理人、证人
回避理由	（1）是本案的当事人或是当事人的近亲属的 【注意】刑事诉讼中的"近亲属"包括：父母、配偶、子女、同胞兄弟姐妹 根据《最高人民法院关于审判人员在诉讼活动中执行回避制度若干问题的规定》第1条的规定，此处"近亲属"的范围包括与审判人员有夫妻、直系血亲、三代以内旁系血亲及近姻亲关系的近亲属 （2）本人或其近亲属与本案有利害关系的 （3）担任过本案的证人、鉴定人、辩护人、诉讼代理人、翻译人员的 （4）与本案的辩护人、诉讼代理人有近亲属关系的 （5）与本案当事人有其他关系，可能影响公正审判的 （6）接受过当事人或其委托的人请客送礼，或违反规定会见当事人或其委托的人的（吃饭收礼；违规会见；推荐律师；借用财物） （7）参与办理过本案的（包括参与过本案调查、侦查、审查起诉工作的监察、侦查、检察人员）（"程序一次"原则） 【总结】身份不当：（1）－（5），违规接触：（6），二次参与：（7）

（续）

回避理由	**【程序一次原则】** （1）在一个审判程序中参与过本案审判工作的审判人员，不得再参与本案其他程序的审判 （2）原审法院按照审判监督程序重新审判的案件，应当另行组成合议庭 （3）原审法院对于发回重新审判的案件，应当另行组成合议庭 **【程序一次原则的例外】** （1）二审、法定刑以下判刑、死刑复核的例外：在一个审判程序中参与过本案审判工作的合议庭组成人员或独任审判员，不得再参与本案其他程序的审判。但是，发回重新审判的案件，在第一审法院作出裁判后又进入第二审程序、在法定刑以下判处刑罚的复核程序或死刑复核程序的，原第二审程序、在法定刑以下判处刑罚的复核程序或死刑复核程序中的合议庭组成人员不受回避规定的限制 （2）违法所得罚没程序的例外：①在审理申请没收违法所得的案件过程中，在逃被告人到案的，法院应当裁定终止审理。检察院向原受理申请的法院提起公诉的，可以由同一审判组织审理。②没收违法所得裁定生效后，被告人到案并对没收裁定提出异议，检察院向原作出裁定的法院提起公诉的，可以由同一审判组织审理
回避种类	（1）**根据申请是否需要法定理由：**①有因回避；②无因回避 （2）**根据实施方式不同：**①自行回避；②申请回避；③指令回避
适用阶段	刑事诉讼的**任何阶段**
申请主体	当事人、法定代理人、辩护人、诉讼代理人 【注意】近亲属无权申请回避
申请方式	书面或者口头
申请效果	（1）检察人员、审判人员暂停诉讼活动 （2）侦查人员**不停止侦查**
回避决定	**决定主体**：侦查人员、检察人员、审判人员：公安机关负责人、检察长、法院院长 法院院长：本院审判委员会（副院长主持，院长不得参加） 检察长：本院检察委员会 公安机关负责人：同级检察委员会 翻译人员、鉴定人：聘请方或指派方负责人 **决定方式**：书面或者口头 **驳回回避申请的复议**：（1）被驳回回避申请的当事人及其法定代理人、辩护人、诉讼代理人可在**接到决定时**向**原决定机关**申请**复议一次** 【注意】被决定回避的人员不得申请复议 （2）对于不属于法定回避理由的申请，**当庭驳回，不得复议**
回避前行为的效力	谁决定回避，谁决定回避前行为的效力 【注意】检察人员被回避前所取得证据与诉讼行为是否有效，由检察委员会或检察长决定

第五章　辩护与代理

扫描右侧二维码"听课＋做题"，直达最佳学习效果

1. 在线听课：学习本章节核心考点讲解课程。

2. 在线刷题：点击 🏠 进入题库做章节练习。

考点 1：有效辩护原则 ★★

含义	辩护应当对保护被追诉人的权利具有实质意义
内容	（1）被追诉人在整个诉讼过程中应享有充分的辩护权 （2）被追诉人有权聘请能够有效履行辩护职责的辩护人为其辩护 （3）国家应当保障被追诉人自行辩护权的充分行使，并通过设立法律援助制度确保被追诉人能够获得符合最低标准并具有实质意义的律师帮助
意义	有效辩护原则的确立，是人类社会文明、进步在刑事诉讼中的体现，体现了被追诉人诉讼主体地位的确立，彰显了人权保障的理念，有助于强化辩方成为影响诉讼进程的重要力量，维系控辩平等对抗和审判方居中"兼听则明"的刑事诉讼构造

考点 2：辩护人 ★★★

地位	独立的诉讼参与人：①根据事实与法律进行辩护；②独立于公、检、法；③独立于被追诉人
职责	（1）从实体上为被追诉人辩护 （2）从程序上为被追诉人辩护 （3）为被追诉人提供法律上的帮助 《刑事诉讼法》第37条规定，辩护人的责任是根据事实和法律，提出犯罪嫌疑人、被告人无罪、罪轻或者减轻、免除其刑事责任的材料和意见，维护犯罪嫌疑人、被告人的诉讼权利和其他合法权益。
人数	一名被追诉人可以委托 1－2 名辩护人 一名辩护人不得担任两名以上同案被追诉人的共同辩护人 一名辩护人不得为两名以上未同案处理但实施的犯罪事实存在关联的被追诉人辩护

（续）

范围	**积极范围**		（1）律师；（2）人民团体或被追诉人所在单位推荐的人；（3）被追诉人的监护人、亲友
	消极范围	**相对禁止**	（1）正在被执行刑罚或处于缓刑、假释考验期间的人 （2）依法被剥夺、限制人身自由的人 （3）无行为能力或限制行为能力的人
		绝对禁止	（4）法院、检察院、监察机关、公安机关、国家安全机关、监狱的现职人员（不含"司法行政机关"） （5）人民陪审员（不限"本院"） （6）与本案审理结果有利害关系的人 （7）外国人或无国籍人 （8）被开除公职的人 （9）被吊销律师、公证员职业证书的人 （4）—（9）规定的人员，如果是被追诉人的近亲属或监护人，则可以担任其辩护人
范围	【总结】 绝对禁止："刑罚""自由""能力" 相对禁止："现职""陪审""利害""外籍""开除""吊销"		
	【法官、检察官任职禁止】 （1）法官、检察官从法院、检察院离任后2年内，不得以律师身份担任诉讼代理人或辩护人 （2）法官、检察官从法院、检察院离任后，不得担任原任职法院、检察院所办理案件的诉讼代理人或辩护人		

考点3：辩护的内容 ★★★

实体性辩护	（1）指控的犯罪事实能否成立 （2）被追诉人是否已经达到刑事责任年龄，有无不负刑事责任等其他不应当追究其刑事责任的情形 （3）对案件定性和认定罪名是否准确，适用法律条文是否恰当 （4）被追诉人有无法律规定的从轻、减轻或免除处罚的情节，有无酌情考虑的从轻或减轻判处的情节 （5）证据与证据之间，证据与被追诉人口供之间是否存在矛盾 （6）被追诉人主观上是故意还是过失，是否属于意外事件，是否属于正当防卫或紧急避险 （7）共同犯罪案件中，对主犯、从犯、胁从犯的划分是否清楚
程序性辩护	诉讼程序是否合法

考点 4：辩护的分类 ★★★★

无罪辩护	事实上无罪	（1）犯罪行为未发生 （2）犯罪并非被追诉人所为 （3）事实不清，证据不足
	法律上无罪	（1）犯罪主体不适格 （2）无刑事责任能力 （3）正当防卫和紧急避险 （4）主观方面无过错 （5）刑事责任已消灭
罪名辩护 （轻罪辩护）	指控重罪名，辩为轻罪名	
罪数辩护	（1）指控多罪，辩为少罪 （2）指控少罪，辩为多罪	
量刑辩护	（1）量刑幅度 （2）法定量刑情节（自首、立功、认罪认罚、犯罪中止、防卫过当） （3）酌定量刑情节（认罪态度好，退赃退赔、取得谅解） 【注意】缓刑辩护也属于量刑辩护	
程序性辩护	针对程序性违法行为辩护	

考点 5：辩护的种类 ★★★★

自行辩护	被追诉人为自己辩护；贯穿诉讼活动始终	
委托辩护[①]	委托主体	被追诉人、监护人（被追诉人在押时）、近亲属（被追诉人在押时）
	委托时间	（1）公诉案件：被侦查机关第一次讯问或采取强制措施之日起 【注意】侦查阶段只能委托律师作为辩护人 （2）自诉案件：随时
	告知时间 （应当）	（1）侦查机关：第一次讯问或采取强制措施之日 （2）检察院：自收到移送审查起诉材料之日起 3 日内 对已经被监察机关采取留置措施的，应当在执行拘留时告知 （3）法院：自受理案件之日起 3 日内

---

① 《刑事诉讼法》第 34 条规定，犯罪嫌疑人自被侦查机关第一次讯问或采取强制措施之日起，有权委托辩护人；在侦查期间，只能委托律师作为辩护人。被告人有权随时委托辩护人。

侦查机关在第一次讯问犯罪嫌疑人或对犯罪嫌疑人采取强制措施的时候，应当告知犯罪嫌疑人有权委托辩护人。人民检察院自收到移送审查起诉的案件材料之日起 3 日以内，应当告知犯罪嫌疑人有权委托辩护人。人民法院自受理案件之日起 3 日以内，应当告知被告人有权委托辩护人。犯罪嫌疑人、被告人在押期间要求委托辩护人的，人民法院、人民检察院和公安机关应当及时转达其要求。

犯罪嫌疑人、被告人在押的，也可以由其监护人、近亲属代为委托辩护人。

辩护人接受犯罪嫌疑人、被告人委托后，应当及时告知办理案件的机关。

（续）

指定辩护（法律援助辩护）①	适用条件	被追诉人没有委托辩护人	
	适用阶段	刑事诉讼全过程（侦查、审查起诉、审判）	
	指派机关	公、检、法（办案机关）：办案机关应当通知法律援助机构指派律师为被追诉人提供辩护	
	辩护主体	只能由律师担任辩护人	
	适用情形	应当指定	（1）未成年人 （2）视力、听力、言语残疾人 （3）不能完全辨认自己行为的成年人 （4）可能被判处无期徒刑、死刑的人 （5）申请法律援助的死刑复核案件被告人 司法部法律援助中心在接到最高法院法律援助通知书后，应当指派具有 3 年以上刑事辩护执业经历的律师担任被告人的辩护律师，并函告最高法院 最高法院应当告知或者委托高级法院告知被告人为其指派的辩护律师的情况。被告人拒绝指派的律师为其辩护的，最高法院应当准许
指定辩护（法律援助辩护）	适用情形	应当指定	（6）缺席审判案件的被告人 （7）法律法规规定的其他人员
		可以指定	（1）共同犯罪案件中，其他被告人已经委托辩护人 （2）有重大社会影响的案件 （3）检察院抗诉的案件 （4）被告人行为可能不构成犯罪 （5）有必要指派律师提供辩护的其他情形
委托辩护与指定辩护并存的处理	对法律援助机构指派律师为被告人提供辩护，被告人的监护人、近亲属又代为委托辩护人的，应当听取被告人的意见，由被告人确定辩护人人选		

---

① 《刑事诉讼法》第 35 条规定，犯罪嫌疑人、被告人因经济困难或其他原因没有委托辩护人的，本人及其近亲属可以向法律援助机构提出申请。对符合法律援助条件的，法律援助机构应当指派律师为其提供辩护。

犯罪嫌疑人、被告人是盲、聋、哑人，或是尚未完全丧失辨认或控制自己行为能力的精神病人，没有委托辩护人的，人民法院、人民检察院和公安机关应当通知法律援助机构指派律师为其提供辩护。

犯罪嫌疑人、被告人可能被判处无期徒刑、死刑，没有委托辩护人的，人民法院、人民检察院和公安机关应当通知法律援助机构指派律师为其提供辩护。

《最高人民法院关于适用〈中华人民共和国刑事诉讼法〉的解释》（简称《刑诉解释》）第 51 条规定，对法律援助机构指派律师为被告人提供辩护，被告人的监护人、近亲属又代为委托辩护人的，应当听取被告人的意见，由其确定辩护人人选。

考点 6：辩护人的权利 ★★★★★

	律师辩护人	非律师辩护人
阅卷权	（1）**起始时间**：审查起诉之日起 （2）**阅卷对象**：本案的案卷材料（诉讼文书＋证据材料）（≠"所有与案件有关的材料"） 【注意】合议庭评议笔录、审委会讨论记录不接受阅卷 【查阅讯问录音录像】对作为证据材料向法院移送的讯问录音录像，辩护律师申请查阅的，法院应当准许 （3）**阅卷方式**：查阅、摘抄、复制（复制方式：复印、拍照、扫描等） （4）**阅卷地点**：办案机关（检察院或者法院） 在检察机关阅卷，必要时，检察院可派员在场协助	须经法院、检察院许可
会见、通信权	（1）**起始时间**：侦查阶段 （2）**对象**：被限制人身自由（被羁押或被监视居住）的被追诉人 （3）**"三证"会见**：律师执业证书、律师事务所证明、委托书／法律援助公函（无须许可） （4）**安排会见时间**：律师持"三证"要求会见的，看守所应当及时安排会见，至迟不得超过 48 小时 （5）**会见不被监听**：律师会见被追诉人，不被监听 （6）**信件检查**：看守所可以对信件进行必要的检查，但不得截留、复制、删改信件，不得向办案机关提供信件内容，但信件内容涉及危害国家安全、公共安全、严重危害他人人身安全以及涉嫌串供、毁灭证据等情形的除外 （7）**带助理会见**：辩护律师可以带 1 名律师助理协助会见 （8）**特殊案件律师会见**：危害国家安全犯罪、恐怖活动犯罪案件，在侦查期间，律师会见在押（含监视居住）的犯罪嫌疑人，应当经侦查机关许可 （9）**证据核实**：辩护律师会见在押被追诉人，可以了解有关案件情况，提供法律咨询等；自案件移送审查起诉之日起，可向被追诉人核实有关证据 【注意】在侦查阶段，律师不能与犯罪嫌疑人核实证据（可单向了解，不可双向核实）	

（续）

		律师辩护人	非律师辩护人
调查取证权	自行调查取证	（1）**针对非控方证人**：辩护律师向证人/有关单位调查取证，须经证人本人/本单位同意（过一关） （2）**针对控方证人**：辩护律师向被害人及其近亲属、被害人提供的证人调查取证，须经办案机关批准并经本人同意（过两关） 【关联知识点】辩护律师向法院申请对被害人及其近亲属、被害人提供的证人调查取证，法院认为确有必要的，应当签发准予调查书	无调查取证权
	申请调查取证	（1）**申请调查取证**： ①辩护律师申请法院、检察院代为调查取证，法院、检察院认为需要调查取证的，应当由其自行调集收取证据，不得向律师签发准予调查决定书，让律师进行调查 ②法院收集、调取证据材料时，辩护律师可以在场 （2）**申请调取材料**：辩护人认为在调查、侦查、审查起诉期间监察机关、公安机关、检察院收集的证明被追诉人无罪或罪轻的证据材料未提交的，可以申请检察院、法院调取有关证据① 【答复时限与方式】 （1）辩护律师申请法院、检察院调查取证的，法院、检察院应当在3日以内作出是否同意的决定，并通知辩护律师 （2）对于辩护律师提交书面申请，而法院、检察院不同意的，应当书面说明理由；辩护律师口头提出申请的，法院、检察院可以口头答复 【总结】书面申请，书面答复；口头申请，书面或口头答复	
申请变更强制措施		被羁押的被追诉人、法定代理人、近亲属、辩护人，有权申请变更或解除期限届满或存在法定理由的强制措施	
获得通知权		（1）公安机关侦查终结的案件，应当将案件移送情况告知犯罪嫌疑人及其辩护律师 （2）法院决定开庭审判后，应将检察院的起诉书副本至迟在开庭10日以前送达被告人及其辩护人。法院应当在开庭3日以前将开庭的时间、地点通知辩护人 （3）判决书应当送达辩护人、诉讼代理人	

---

① 《刑诉解释》第73条规定，对提起公诉的案件，人民法院应当审查证明被告人有罪、无罪、罪重、罪轻的证据材料是否全部随案移送；未随案移送的，应当通知人民检察院在指定时间内移送。人民检察院未移送的，人民法院应当根据在案证据对案件事实作出认定。

（续）

	阶段	听取机关	内容
提出意见权	侦查终结	侦查机关	在案件侦查终结前，辩护律师提出要求的，侦查机关应当听取辩护律师的意见，并记录在案。辩护律师提出书面意见的，应当附卷
	审查批捕	检察院	检察院审查批准逮捕，可以询问证人等诉讼参与人，听取辩护律师的意见；辩护律师提出要求的，应当听取辩护律师的意见
	审查逮捕未成年人	检察院、法院	检察院审查批准逮捕和法院决定逮捕未成年犯罪嫌疑人、被告人，应当讯问未成年犯罪嫌疑人、被告人，听取辩护律师的意见
	审查起诉	检察院	检察院审查案件，应当讯问犯罪嫌疑人，听取辩护人、被害人及其诉讼代理人的意见，并记录在案
	速裁审判	法院	适用速裁程序审理案件，在判决宣告前应当听取辩护人的意见
	二审不开庭	法院	第二审法院决定不开庭审理的，应当讯问被告人，听取其他当事人、辩护人、诉讼代理人的意见
	死刑复核	最高法院	最高法院复核死刑案件，应当讯问被告人，辩护律师提出要求的，应当听取辩护律师的意见
	死刑二审	检察院	检察院办理死刑上诉、抗诉案件，应当听取辩护人的意见
	附条件不起诉	检察院	检察院在作出附条件不起诉的决定前，应当听取公安机关、被害人、未成年犯罪嫌疑人及其法定代理人、辩护人的意见，并制作笔录附卷

【总结】办案机关应当"主动"听取辩护人意见的六种情形（其他情况下，辩护律师提出要求的，应当听取辩护律师的意见）：（1）审查逮捕未成年人；（2）审查起诉；（3）速裁审判；（4）二审不开庭；（5）死刑二审（检察院）；（6）附条件不起诉

申诉控告权
（1）**主体**：辩护人、诉讼代理人
（2）**情形**：认为公、检、法及其工作人员阻碍其行使诉讼权利
（3）**对象**：向同级或上一级检察机关申诉或控告

人身保障权
（1）辩护人或者其他任何人，不得帮助被追诉人隐匿、毁灭、伪造证据或者串供，不得威胁、引诱证人作伪证以及进行其他干扰司法机关诉讼活动的行为
（2）辩护人违反以上规定，涉嫌犯罪的，应当由办理辩护人所承办案件的侦查机关以外的侦查机关办理
【注意】辩护人若涉嫌与辩护活动无关的犯罪，则不受此限制
（3）公安机关、检察院发现辩护人涉嫌犯罪的，应报请辩护人所承办案件的侦查机关的上一级侦查机关指定其他侦查机关立案侦查，或由上一级侦查机关自行立案侦查
（4）不得指定辩护人所承办案件的侦查机关的下级侦查机关立案侦查
（5）辩护人是律师的，应当及时通知其所在的律师事务所或所属的律师协会

（续）

	具有以下情形之一的，辩护人有权拒绝辩护： （1）委托事项违法 （2）委托人利用律师服务从事违法活动 （3）委托人故意隐瞒与案件有关的重要事实
拒绝辩护权	《律师法》第 32 条第 2 款规定，律师接受委托后，无正当理由的，不得拒绝辩护或者代理。但是，委托事项违法、委托人利用律师提供的服务从事违法活动或者委托人故意隐瞒与案件有关的重要事实的，律师有权拒绝辩护或者代理

考点 7：辩护人的义务 ★★★

不得干扰诉讼	不得帮助被追诉人隐匿、毁灭、伪造证据或串供，不得威胁、引诱证人作伪证及进行其他干扰司法机关诉讼活动的行为
证据开示	辩护人收集的有关犯罪嫌疑人不在犯罪现场、未达到刑事责任年龄、属于依法不负刑事责任的精神病人的证据，应当及时告知公安机关、检察院 【总结】不在现场，不负刑责
保密义务／权利	辩护律师对在执业活动中知悉的委托人的有关情况和信息，有权（应当）予以保密。但是，辩护律师在执业活动中知悉委托人或其他人，准备或正在实施危害国家安全、公共安全以及严重危害他人人身安全的犯罪的，应当及时告知司法机关

考点 8：值班律师 ★★★

派驻机关	法律援助机构
派驻地点	法院、检察院、看守所等场所
适用条件	没有委托辩护、没有指定辩护（强制辩护的对象不适用值班律师制度）
告知义务	法院、检察院、看守所应当告知被追诉人有权约见值班律师，并为被追诉人约见值班律师提供便利
职能定位	提供法律帮助的人 【注意】值班律师不提供出庭辩护服务
职责、权利	（1）职责：维护被追诉人合法权益，确保被追诉人在充分了解认罪认罚性质和法律后果的情况下，自愿认罪认罚 （2）权利： ①提供法律咨询 ②提出程序适用的建议 ③帮助申请变更强制措施 ④对检察院认定罪名、量刑建议提出意见 ⑤就案件处理，向办案机关提出意见 ⑥对刑讯逼供、非法取证情形代理申诉、控告 ⑦引导、帮助被追诉人及其近亲属申请法律援助

（续）

职责、权利	【会见权】值班律师可以会见被追诉人，看守所应当为值班律师会见提供便利 危害国家安全犯罪、恐怖活动犯罪案件，侦查期间值班律师会见在押犯罪嫌疑人的，应当经侦查机关许可 【阅卷权】自检察院对案件审查起诉之日起，值班律师可以查阅（注意：不可摘抄、复制）案卷材料、了解案情。法院、检察院应当为值班律师查阅案卷材料提供便利
职能定位	【总结】辩护律师享有的权利，值班律师一般都享有，除了调查取证 值班律师提供法律咨询、查阅案卷材料、会见被追诉人、提出书面意见等法律帮助活动的相关情况应当记录在案，并随案移送
法律帮助的衔接	（1）对于被羁押的被追诉人，在不同诉讼阶段，可以由派驻看守所的同一值班律师提供法律帮助 （2）对于未被羁押的被追诉人，前一诉讼阶段的值班律师可以在后续诉讼阶段继续为被追诉人提供法律帮助
拒绝法律帮助	（1）被追诉人自愿认罪认罚，没有委托辩护人，拒绝值班律师帮助的，办案机关应当允许，记录在案并随案移送 （2）审查起诉阶段签署认罪认罚具结书时，检察院应当通知值班律师到场

考点 9：刑事代理 ★

	委托主体	委托时间
公诉案件	被害人；法定代理人、近亲属	案件移送审查起诉之日起
自诉案件	自诉人、法定代理人	随时
附带民事诉讼	当事人、法定代理人	视公诉、自诉而定
罚没程序	被追诉人的近亲属、其他利害关系人	—
强制医疗	被申请人或被告人	—

【比较】辩护人 v. 诉讼代理人

		辩护人	诉讼代理人
委托主体		被追诉人；监护人、近亲属	被害人；法定代理人、近亲属
产生时间	公诉	被侦查机关第一次讯问或采取强制措施之日起	案件移送审查起诉之日起
	自诉	随时	随时
诉讼地位		独立的诉讼参与人	非独立诉讼参与人（不得违背被代理人意志）
诉讼职能		辩护职能	控诉职能

第六章　刑事证据

扫描右侧二维码"听课 + 做题",直达最佳学习效果
1. 在线听课:学习本章节核心考点讲解课程。
2. 在线刷题:点击进入题库做章节练习。

考点 1:证据的基本属性 ★★★★

客观性	（1）客观性是刑事证据的首要属性和最本质的特征 （2）幻觉、意见、推测、评论、梦境等主观性材料,不具有客观性 （3）被追诉人的供述与辩解、被害人陈述、证人证言等言词证据具有客观性
关联性	（1）证据与待证事实间关联性的强弱决定了证据证明力的大小 （2）前科、品性、类似事件、特定的诉讼行为、特定的事实行为、被害人过去的行为等,不具关联性
合法性	构成合法性的三个要素: （1）证据形式合法 （2）收集主体合法 （3）收集程序合法

考点 2:刑事证据制度的基本原则 ★★

证据裁判原则	（1）概念:又称"证据裁判主义""证据为本原则",指对案件事实的认定,必须有相应的证据予以证明。没有证据或证据不充分,不能认定案件事实 （2）内容: ①认定案件事实必须依靠证据,没有证据就不能认定案件事实 ②用于认定案件事实的证据必须具有证据能力 ③用于定案的证据必须是在法庭上查证属实的证据（法律另有规定的除外） ④综合全案证据必须达到法定证明标准才能认定案件事实 （3）我国已确立证据裁判原则,该原则的主要内容已被我国法律与司法解释吸收
自由心证原则	（1）概念:对证据的取舍、证据证明力的大小以及案件事实的认知程度等,法律不预先规定,而由裁判主体按照自己的良心、理性形成内心确信,以此认定案件事实的 （2）内容: ①自由判断:证据证明力由法官自由判断,法律不作预先规定 ②内心确信:禁止法官根据似是而非、尚有疑虑的主观感受判定事实 （3）自由心证原则在我国立法上得到了一定程度上的认可

考点3：法定证据种类／形式 ★★★★

物证		以物质属性、外部特征、存在状况等证明案件情况的物品或痕迹（脚印、指纹、笔迹） 【注意】无体物也可以作物证，如气味 【物证复制品】据以定案的物证一般应是原物。原物不便搬运、不易保存，依法应当由有关部门保管、处理，或依法应当返还的，可以拍摄、制作足以反映原物外形和特征的照片、录像、复制品
书证		以记载的内容和反映的思想来证明案件情况的书面材料或其他物质材料 书证不论载体为何物，记载文字、符号、图形的地板、墙壁均可作书证 一份证据材料可以既是物证又是书证 【例】1989年，湖北江汉油田矿机研究所职工张某之子被绑架。7年后，公安机关重新开启侦查。绑匪最后一次通知家属的字条记载："过桥，顺墙根，向右，见一亭，亭边一倒凳，其下有信。"字句错落有致且符合音韵，且字条中有一"阅"字写得特别流畅夸张。侦查人员将侦查重心锁定为当地一所大学的教师，很快侦破了案件。问：字条属于何种证据？
证人证言	证人资格	（1）所有了解案件情况的自然人，都应当作证人 证人身份具有优先性、不可替代性 （2）生理上、精神上有缺陷或年幼，因而不能辨别是非、不能正确表达的人，不能作证人
	证人保护	对于危害国家安全犯罪、恐怖活动犯罪、黑社会性质的组织犯罪、毒品犯罪等案件，证人、鉴定人、被害人因在诉讼中作证，本人或其近亲属的人身安全（注意：不含"财产安全"）面临危险的，公、检、法应当采取以下一项或多项保护措施： （1）不公开真实姓名、住址和工作单位等个人信息 （2）采取不暴露外貌、真实声音等出庭作证措施 （3）禁止特定的人员接触证人、鉴定人、被害人及其近亲属 （4）对人身和住宅采取专门性保护措施 （5）其他必要的保护措施 【总结】 （1）案件范围："国""恐""黑""毒" （2）保护对象：（证人、鉴定人、被害人）本人及其近亲属 （3）保护内容：人身安全
	证人补助	（1）证人因履行作证义务而支出的交通、住宿、就餐等费用，应当给予补助 【注意】①被害人出庭无补助；②证人补助的范围不含"误工费" （2）证人所在单位不得克扣或变相克扣其工资、奖金及其他福利待遇
被害人陈述		被害人就其受害情况和其他与案件有关的情况向公安司法机关所作的陈述 【注意】被害人既可以是自然人，也可以是法人——单位可作被害人
被追诉人的供述和辩解		（1）供述：有罪、罪重 （2）辩解：无罪、罪轻 【同案犯口供的性质】同案犯之间的揭发属于口供；同案犯对共同犯罪以外事实的揭发属于证人证言

（续）

鉴定意见		（1）**概念**：鉴定人受公、检、法**指派**或**聘请**，对案件中的**专门性问题**进行鉴定后作出的**书面**意见 （2）精神病医生在被追诉人涉嫌犯罪前所作的精神病诊断结论，不能作为鉴定意见 【注意】此诊断结论可以用于证明被追诉人的精神状态，可作为书证 （3）**鉴定人负责制**：鉴定意见的形式必须是鉴定书，由鉴定人本人签名，不能以单位公章代替鉴定人签名 【注意】鉴定主体是鉴定人，而非鉴定机构 （4）鉴定意见不以多数意见作出
笔录证据	勘验笔录	（1）**概念**：对与犯罪有关的**场所、物品、尸体**等进行勘查、检验后所作的记录 （2）勘验笔录的形式可以是文字记载、绘制的图样照片、复制的模型材料、录像等 （3）对同一现场多次勘验的，第一次以后的勘验均应制作**补充笔录** （4）有多处现场的，勘验后应**分别制作笔录**
	检查笔录	（1）**概念**：为确定被害人、被追诉人的**某些特征、伤害情况、生理状态**，对他们的**人身**进行检验和观察后所作的客观记载 （2）检查笔录的形式可以是文字、拍照、录像等
	辨认笔录	为查清案件事实，在侦查人员主持下，由被害人、证人、犯罪嫌疑人，对犯罪嫌疑人、与案件有关的物品、尸体、场所进行识别认定后所作的客观记载
	侦查实验笔录	侦查人员为证实某一事件或事实能否发生或怎样发生，按原有条件将该事件或事实加以重演或进行实验后所作的客观记载
视听资料、电子数据	视听资料	以录音、录像、电子计算机或其他科技设备所储存的信息证明案件情况的资料 【注意】视听资料一般产生于诉讼开始前。在诉讼过程中产生的通常不是视听资料，而是其他种类证据的载体；但是，如果是为证明证据收集过程的合法性，则为视听资料
	电子数据	包括但不限于： （1）网页、博客、微博客、朋友圈、贴吧、网盘等网络平台发布的信息 （2）手机短信、电子邮件、即时通信、通讯群组等网络应用服务的通信信息 （3）用户注册信息、身份认证信息、电子交易记录、通信记录、登录日志等信息 （4）文档、图片、音视频、数字证书、计算机程序等电子文件
专门性问题报告、事故调查报告	专门性问题报告	因无鉴定机构，或根据法律、司法解释的规定，指派、聘请有专门知识的人就案件的专门性问题出具的报告，可以作为证据使用
	事故调查报告	有关部门对事故进行调查形成的报告，在刑事诉讼中可以作为证据使用；报告中涉及**专门性问题**的意见，经法庭查证属实，且调查程序符合法律、有关规定的，可以作为定案的根据

考点4：证据的审查排除 ★★★★

证据种类	直接排除	可补正（补正或合理解释）
物证	（1）物证的照片、录像、复制品，不能反映原物的外形和特征的 （2）书证有更改或对更改迹象不能作出合理解释，或书证的副本、复制件不能反映原件及其内容的 （3）在勘验、检查、搜查过程中提取、扣押的物证、书证，未附笔录或清单，不能证明物证、书证来源的①	（1）勘验、检查、搜查、提取笔录或扣押清单上没有侦查人员、物品持有人、见证人签名，或对物品的名称、特征、数量、质量等注明不详的 （2）物证的照片、录像、复制品，书证的副本、复制件未注明与原件核对无异，无复制时间，或无被收集、调取人签名、盖章的 （3）物证的照片、录像、复制品，书证的副本、复制件没有制作人关于制作过程和原物、原件存放地点的说明，或说明中无签名的 （4）有其他瑕疵的
书证	（4）对物证、书证的来源、收集程序有疑问，不能作出合理解释的 现场遗留的可能与犯罪有关的指纹、血迹、精斑、毛发等证据，未通过指纹鉴定、DNA鉴定等方式与被告人、被害人的相应样本作同一认定的，不得作为定案的根据。涉案物品、作案工具等未通过辨认、鉴定等方式确定来源的，不得作为定案的根据 【总结】真伪不明、来源不明	
证人证言②	（1）处于明显醉酒、中毒或麻醉等状态，不能正常感知或正确表达的证人所提供的证言 （2）证人的猜测性、评论性、推断性的证言，不得作为证据使用，但根据一般生活经验判断符合事实的除外 （3）询问证人没有个别进行的 （4）书面证言没有经证人核对确认的 （5）询问聋、哑人，应当提供通晓聋、哑手势的人员而未提供的 （6）询问不通晓当地通用语言、文字的证人，应当提供翻译人员而未提供的 （7）经法院通知，证人没有正当理由拒绝出庭或出庭后拒绝作证，法庭对其证言的真实性无法确认的 【总结】重点掌握"询问未个别""证言未核对"	（1）询问笔录没有填写询问人、记录人、法定代理人姓名以及询问的起止时间、地点的 （2）询问地点不符合规定的 （3）询问笔录没有记录告知证人有关作证的权利义务和法律责任的 （4）询问笔录反映出在同一时段，同一询问人员询问不同证人的 （注意：此为可补正情形） （5）询问未成年人，其法定代理人或合适成年人不在场的
被害人陈述	（同证人证言）	

① 《刑诉解释》第86条第1款规定，在勘验、检查、搜查过程中提取、扣押的物证、书证，未附笔录或清单，不能证明物证、书证来源的，不得作为定案的根据。

② 《刑诉解释》第89条规定，证人证言具有下列情形之一的，不得作为定案的根据：（1）询问证人没有个别进行的；（2）书面证言没有经证人核对确认的；（3）询问聋、哑人，应当提供通晓聋、哑手势的人员而未提供的；（4）询问不通晓当地通用语言、文字的证人，应当提供翻译人员而未提供的。

《刑诉解释》第91条规定，证人当庭作出的证言，经控辩双方质证、法庭查证属实的，应当作为定案的根据。

证人当庭作出的证言与其庭前证言矛盾，证人能够作出合理解释，并有相关证据印证的，应当采信其庭审证言；不能作出合理解释，而其庭前证言有相关证据印证的，可以采信其庭前证言。

经人民法院通知，证人没有正当理由拒绝出庭或出庭后拒绝作证，法庭对其证言的真实性无法确认的，该证人证言不得作为定案的根据。

（续）

证据种类	直接排除	可补正（补正或合理解释）
被追诉人供述	（1）讯问笔录没有经被追诉人核对确认的 （2）讯问聋、哑人，应当提供通晓聋、哑手势的人员而未提供的 （3）讯问不通晓当地通用语言、文字的被告人，应当提供翻译人员而未提供的 （4）讯问未成年人，其法定代理人或合适成年人不在场的 （5）除情况紧急必须现场讯问以外，在规定的办案场所外讯问取得的供述 （6）未依法对讯问进行全程录音录像取得的供述	（1）讯问笔录填写的讯问时间、讯问人、记录人、法定代理人等有误或存在矛盾的 （2）讯问人没有签名的 （3）首次讯问笔录没有记录告知被讯问人相关权利和法律规定的
鉴定意见	（1）鉴定机构不具备法定资质，或鉴定事项超出该鉴定机构业务范围、技术条件的 （2）鉴定人不具备法定资质，不具有相关专业技术或职称，或违反回避规定的 （3）送检材料、样本来源不明，或因污染不具备鉴定条件的 （4）鉴定对象与送检材料、样本不一致的 （5）鉴定程序违反规定的 （6）鉴定过程和方法不符合相关专业的规范要求的 （7）鉴定文书缺少签名、盖章的 （8）鉴定意见与案件待证事实没有关联的 （9）经法院通知，鉴定人拒不出庭作证的 （10）违反有关规定的其他情形 【总结】鉴定意见只要存在瑕疵，即可直接排除	—
勘验、检查笔录	勘验、检查笔录存在明显不符合法律、有关规定的情形，不能作出合理解释或说明的	—
辨认笔录	（1）辨认不是在侦查人员主持下进行的 （2）辨认前使辨认人见到辨认对象的 （3）辨认活动没有个别进行的 （4）辨认对象没有混杂在具有类似特征的其他对象中，或供辨认的对象数量不符合规定的 【辨认对象数量】 公安机关：7人（10照片）／5物 检察机关：7人（10照片）／5物（5照片） （5）辨认中给辨认人明显暗示或明显有指认嫌疑的 （6）违反有关规定，不能确定辨认笔录真实性的其他情形 【总结】主持、见到、个别、混杂、数量、暗示	（1）辨认时没有拍照、录像 （2）没有见证人在场 （3）没有签字
侦查实验笔录	侦查实验的条件与事件发生时的条件有明显差异，或存在影响实验结论科学性的其他情形的	—

（续）

证据种类	直接排除	可补正（补正或合理解释）
视听资料、电子证据	（1）系篡改、伪造或无法确定真伪的 （2）制作、取得的时间、地点、方式等有疑问，不能提供必要证明或作出合理解释的 【总结】真伪不明、来源不明	—

考点 5：证据的理论分类 ★★★★

原始证据 v. 传来证据	原始证据：直接来源于案件事实，未经复制或转述的证据（第一手材料） 传来证据：不直接来源于案件事实，经过复制或转述的证据（第二／N手材料） 只有当原始证据灭失或无法获取时，才可以使用传来证据 作为定案根据的传来证据必须查证属实，且不得使用来源不明的传来证据 只有传来证据，没有原始证据，不能定案（传来证据不得单独作为定案的根据）
有罪证据 v. 无罪证据	有罪证据：肯定被追诉人实施了犯罪的证据 无罪证据：否定被追诉人实施了犯罪的证据 划分标准：证据的证明作用是肯定还是否定被追诉人实施了犯罪行为 量刑证据都属于有罪证据 控方也可能提供无罪证据，辩方也可能提供有罪证据 只要尚存在无罪证据，就不能认定被告人有罪
言词证据 v. 实物证据	言词证据：以言词为表现形式的证据 实物证据：以物品的性质或外部形态、存在状况及其内容表现证据价值的证据 被追诉人供述与辩解、鉴定意见、辨认笔录、侦查实验笔录为言词证据 物证、书证、勘验检查笔录为实物证据 视听资料、电子数据一般为实物证据，但记载言词的视听资料、电子数据为言词证据 只有言词证据，也可以定案
直接证据 v. 间接证据	直接证据：能够独立证明被追诉人是否实施了犯罪的证据 【注意】直接证据包括否定性直接证据 间接证据：不能独立证明被追诉人是否实施了犯罪的证据 【总结】直接证据的三种表现形式：（1）仅凭该证据就能证明某人实施了犯罪；（2）仅凭该证据就能证明某人未实施犯罪；（3）仅凭该证据就能否定犯罪的存在 只有直接证据时，坚持"孤证不能定案" 只有间接证据，也可以定案

考点 6：证据规则 ★★★

关联性规则	含义：证据所要证明的内容必须与案件事实存在关联 前科、品性、类似事件、特定的诉讼行为、特定的事实行为、被害人过去的行为等，不具关联性

（续）

传闻证据规则	**含义**：证人陈述的**非亲历事实**，任何人**在法庭之外所作陈述**，都属于传闻证据，原则上不得作为认定被告人有罪的证据 【总结】传闻证据的两种形式：①非亲历事实；②法庭外陈述 【注意】 传闻证据规则只适用于言词证据，不适用于实物证据 我国刑事诉讼法未确立传闻证据规则，只是部分体现了传闻证据规则的精神
最佳证据规则	**含义**：又称**原始证据规则**，指以文字、符号、图形等方式记载的内容来证明案情时，其**原件才是最佳证据** **书证**的提供者应当尽量提供原件，如果提供副本、抄本、影印本等非原始材料，则必须提供充足理由加以说明，否则该书证不具有可采性 【注意】 （1）最佳证据规则只适用于书证 （2）我国刑事诉讼法未确立最佳证据规则
意见证据规则	**含义**：证人在作证过程中，只能客观陈述自己亲历的事实，而不得对该事实发表意见 证人的猜测性、评论性、推断性证言，不得作为证据使用，但根据一般生活经验判断符合事实的除外 【注意】意见证据规则只适用于证人
补强证据规则	**含义**：在运用某些证明力显然薄弱的证据（主证据）认定案情时，必须有其他证据（补强证据）补强其证明力，才能被法庭采信为定案的依据 补强证据自身必须同时具备三个条件： （1）具有证据能力 （2）具有**担保补强对象真实性**的能力（不对整个待证事实具有证明作用） （3）具有独立来源（不能是同一来源） 【注意】补强证据规则关注证据**证明力**问题，不涉及证据能力问题
自白任意性规则	**含义**：又称**非任意自白排除规则**，指在刑事诉讼中，只有基于被追诉人自由意志而作出的自白，才具有可采性 我国自白任意性规则的特点： ①《刑事诉讼法》第52条规定"不得强迫任何人证实自己有罪"，这一规定确定了被追诉人享有自由供述的权利，是自白任意性规则的基础 ②《刑事诉讼法》第120条规定"犯罪嫌疑人对侦查人员的提问，应当如实回答"，这表明犯罪嫌疑人自由供述的权利受到一定的限制 ③我国已确立较为完备的非法证据排除规则，这为落实自白任意性规则提供了保障 ④我国确立了认罪认罚从宽制度，鼓励被追诉人自愿供述

考点 7：非法证据排除规则 ★★★★★

排除对象[①]		采用刑讯逼供等非法方法收集的被追诉人供述与采用暴力、威胁等非法方法收集的证人证言、被害人陈述，应当予以排除，不能作为定案的根据
排除对象[①]	言词证据	采用刑讯逼供等非法方法收集的被追诉人供述与采用暴力、威胁等非法方法收集的证人证言、被害人陈述，应当予以排除，不能作为定案的根据 （1）被追诉人供述的排除： ①采取殴打、违法使用戒具等暴力方法或变相肉刑的恶劣手段，使被追诉人遭受难以忍受的痛苦而违背意愿作出的供述，应当予以排除 ②采用以暴力或严重损害本人及其近亲属合法权益等进行威胁的方法，使被追诉人遭受难以忍受的痛苦而违背意愿作出的供述，应当予以排除 ③采用非法拘禁等非法限制人身自由的方法收集的被追诉人供述，应当予以排除 ④重复性供述的排除：采用刑讯逼供方法使被追诉人作出供述，之后被追诉人受该刑讯逼供行为影响而作出的与该供述相同的重复性供述，应当一并排除，但下列情形可以不排除： 第一，调查、侦查期间，监察机关、侦查机关更换调查、侦查人员，其他调查、侦查人员再次讯问时告知诉讼权利和认罪的法律后果，犯罪嫌疑人自愿供述的（换了讯问人员） 第二，审查逮捕、审查起诉和审判期间，检察人员、审判人员讯问时告知诉讼权利和认罪的法律后果，犯罪嫌疑人、被告人自愿供述的（换了办案机关） 【总结】被追诉人供述的排除情形：①暴力＋痛苦；②威胁＋痛苦；③非法限制人身自由；④重复性供述（例外：换了讯问主体——"可以"不排除） （2）证人证言、被害人陈述的排除：采用暴力、威胁以及非法限制人身自由等非法方法收集的证人证言、被害人陈述，应当予以排除 【注意】不要求使证人、被害人遭受难以忍受的痛苦
排除对象[①]	实物证据	物证、书证的收集不符合法定程序，可能严重影响司法公正的，应当予以补正或作出合理解释；不能补正或作出合理解释的，对该证据应当予以排除 【注意】我国不排除"毒树之果"（砍伐毒树，食用果实）
侦查阶段	检察审查	（1）犯罪嫌疑人及其辩护人在侦查期间可以向检察院申请排除非法证据 （2）对犯罪嫌疑人及其辩护人提供相关线索或材料的，检察院应当调查核实 （3）调查结论应当书面告知犯罪嫌疑人及其辩护人 （4）对确有以非法方法收集证据情形的，检察院应当向侦查机关提出纠正意见
侦查阶段	侦查机关自行排除	（1）对侦查终结的案件，侦查机关应当全面审查证明证据收集合法性的证据材料，排除非法证据 （2）侦查机关发现办案人员非法取证的，应当依法作出处理，并可另行指派侦查人员重新取证

---

① 《刑事诉讼法》第 56 条规定，采用刑讯逼供等非法方法收集的犯罪嫌疑人、被告人供述和采用暴力、威胁等非法方法收集的证人证言、被害人陈述，应当予以排除。收集物证、书证不符合法定程序，可能严重影响司法公正的，应当予以补正或作出合理解释；不能补正或作出合理解释的，对该证据应当予以排除。

在侦查、审查起诉、审判时发现有应当排除的证据的，应当依法予以排除，不得作为起诉意见、起诉决定和判决的依据。

（续）

侦查阶段	**侦查终结前的核查询问**	（1）**对重大案件**，检察院驻看守所检察人员应当在侦查终结前询问**犯罪嫌疑人**，核查是否存在刑讯逼供、非法取证情形，并同步录音录像 （2）经核查，确有刑讯逼供、非法取证情形的，侦查机关应当及时排除非法证据，不得作为提请批准逮捕、移送审查起诉的根据
审查逮捕 & 审查起诉	**排除方式**	（1）**依申请排除**：审查逮捕、审查起诉期间，犯罪嫌疑人及其辩护人申请排除非法证据，并提供相关线索或材料的，检察院应当调查核实。调查结论应当书面告知犯罪嫌疑人及其辩护人 （2）**依职权排除**：检察院在审查起诉期间发现侦查人员以刑讯逼供等非法方法收集证据的，应当依法排除相关证据并提出纠正意见，必要时检察院可以自行调查取证
	排除后果	（1）检察院对审查认定的非法证据，应当予以排除，不得作为批准或决定逮捕、提起公诉的根据 （2）被排除的非法证据**应当随案移送**，并写明为依法排除的非法证据
	侦查机关复议复核	对于检察院排除有关证据导致对涉嫌的重要犯罪事实未予认定，从而作出不批准逮捕、不起诉决定，或对涉嫌的部分重要犯罪事实决定不起诉的，公安机关、国家安全机关可要求复议、提请复核
审判阶段	**庭前审查**	（1）**权利告知**：法院向被告人及其辩护人**送达起诉书副本时**，应当告知其有权申请排除非法证据 （2）**提出时间**：被告人及其辩护人申请排除非法证据，**应当在开庭审理前提出**，但在庭审期间才发现相关线索或材料的除外 （3）**提出线索或材料**：被告人及其辩护人申请排除非法证据，应当提供涉嫌非法取证的人员、时间、地点、方式、内容等相关**线索或材料** （4）**告知检察院**：被告人及其辩护人申请排除非法证据的，法院应当在开庭审理前将申请书和相关线索或材料的复制件送交检察院 （5）**庭前会议**：开庭审理前，**当事人**及其**辩护人**、**诉讼代理人**申请排除非法证据，法院经审查，对证据收集的合法性有疑问的，应当召开庭前会议，就非法证据排除等问题了解情况，听取意见。检察院可以通过出示有关证据材料等方式，对证据收集的合法性加以说明 【注意】庭前会议只解决程序性事项，不审查事实与证据问题。故庭前会议对非法证据问题，只能申请，不能排除
	庭审中排除	（1）**庭审时提出**：被告人及其辩护人在开庭审理前未申请排除非法证据，在法庭审理过程中提出申请的，应当说明理由 当事人及其辩护人、诉讼代理人在庭前已发现相关线索或材料，却拖延至法庭审理过程中申请排除非法证据的，法庭应当在法庭调查结束前一并进行审查，并决定是否进行证据收集合法性的调查（法院享有是否进行证据收集合法性调查的裁量权） （2）**合法性说明**：公诉人对证据收集的合法性加以证明，可以： ①出示讯问笔录、提讯登记、体检记录、采取强制措施或侦查措施的法律文书、侦查终结前对讯问合法性的核查材料等证据材料 ②有针对性地播放讯问录音录像 被告人及其辩护人可以出示相关线索或材料，并申请法庭播放特定时段的讯问录音录像 ③提请法庭通知侦查人员或其他人员出庭说明情况

（续）

审判阶段	庭审中排除	（3）**侦查人员出庭说明情况**：侦查人员或其他人员出庭，应当向法庭说明证据收集过程，**并就相关情况接受发问** （4）**审查后果**：法庭对证据收集的合法性进行调查后，**应当当庭作出**是否排除有关证据的**决定**。必要时，可以宣布休庭，由合议庭评议或提交审判委员会讨论，再次开庭时宣布决定 对依法予以排除的证据，不得宣读、质证，不得作为判决的根据 （5）**证明责任**：在对证据收集的合法性进行法庭调查的过程中，检察院应当对证据收集的合法性加以证明（《刑事诉讼法》第 59 条） （6）**证明标准**：对于经过法庭审理，**确认**或**不能排除**存在以非法方法收集证据情形的，对有关证据**应当予以排除**（《刑事诉讼法》第 60 条） （7）**排除非法证据的决定写入裁判文书**：法院对证据收集合法性的审查、调查结论，应当在裁判文书中写明，并说明理由
审判阶段	二审排除	具有下列情形之一的，二审法院**应当**对证据收集的合法性进行审查，并作出相应处理： ①第一审法院对当事人及其辩护人、诉讼代理人排除非法证据的申请**没有审查，且以该证据作为定案根据的**（一审申请了，法院未审查） ②**检察院或被告人、自诉人及其法定代理人不服第一审法院作出的有关证据收集合法性的调查结论，提出抗诉、上诉的（仅针对调查结论提出抗诉、上诉）**（一审审查了，控辩一方不服） ③**检察院**、当事人及其辩护人、诉讼代理人在**第一审结束后才发现相关线索或材料**，申请法院排除非法证据的（一审结束后才发现）

考点 8：刑事证明 ★★★★

证明对象	实体法事实	（1）被追诉人、被害人的身份 （2）被指控的犯罪是否存在 （3）被指控的犯罪是否为被追诉人实施 （4）被追诉人有无刑事责任能力，有无罪过，实施犯罪的动机、目的 （5）实施犯罪的时间、地点、手段、后果以及案件起因等 （6）被追诉人在共同犯罪中的地位、作用 （7）被追诉人有无从重、从轻、减轻、免除处罚情节 （8）有关**附带民事诉讼**、**涉案财物处理**的事实 【总结】定罪事实与量刑事实
	程序法事实	有关管辖、回避、延期审理等程序性事实
	免证对象	（1）为一般人共同知晓的**常识**性事实 （2）法院**生效裁判所确认**并且未依审判监督程序重新审理的**事实** （3）**法律、法规**的内容以及适用等属于审判人员履行职务应当知晓的事实 （4）在法庭审理中**不存在异议的程序性事实** （5）法律规定的**推定事实** （6）自然规律或定律

（续）

证明责任	特征	（1）与一定的诉讼主张相联系 （2）包括举证责任与说服责任 （3）与一定的不利后果相联系	
	分配	（1）控方承担 ①公诉：检察机关承担证明被追诉人有罪的责任 ②自诉：自诉人承担证明其控诉事实的责任 （2）辩方不具有证明自身无罪的责任	
证明标准	定罪证明标准①	"案件事实清楚，证据确实、充分" "证据确实、充分"，应当符合以下条件： ①定罪量刑的事实都有证据证明 ②据以定案的证据均经法定程序查证属实 ③综合全案证据，对所认定的事实已排除合理怀疑 认定被告人有罪和对被告人从重处罚，应当适用"证据确实、充分"的证明标准 各诉讼阶段证明标准： 立案：有犯罪事实，需要追究刑事责任 逮捕：有证据证明有犯罪事实 侦查终结：证据确实、充分 提起公诉：证据确实、充分 有罪判决：证据确实、充分	
	孤证 不能定罪	只有被告人供述，没有其他证据的，不能认定被告人有罪和对其处以刑罚	
	间接证据 定罪②	没有直接证据，但间接证据同时符合下列条件的，可以认定被告人有罪： （1）证据已经查证属实 （2）证据之间相互印证，不存在无法排除的矛盾和无法解释的疑问 （3）全案证据形成完整的证据链 （4）根据证据认定案件事实足以排除合理怀疑，结论具有唯一性 （5）运用证据进行的推理符合逻辑和经验 仅运用间接证据定案的，判处死刑应当特别慎重	
	罪疑唯利被告	（1）定罪证据不足的案件，应当坚持疑罪从无原则，宣告被告人无罪 （2）定罪证据确实、充分，但影响量刑的证据存疑的，应当在量刑时作出有利于被告人的处理 （3）认定对被告人适用死刑的证据不足的，不得对其判处死刑 （4）证明被告人已满12周岁、14周岁、16周岁、18周岁或不满75周岁的证据不足的，应当作出有利于被告人的认定	

---

① 《刑事诉讼法》第55条第2款。
② 《刑诉解释》第140条。

考点 9：行政证据转化为刑事证据 ★ ★ ★

公安机关接受或依法调取的行政机关在行政执法和查办案件过程中收集的物证、书证、视听资料、电子数据、检验报告、鉴定意见、勘验笔录、检查笔录等证据材料，可以作为证据使用

【总结】

（1）实物证据（物证、书证、视听资料、电子数据、勘验、检查笔录）可以直接转化

（2）言词证据（证人证言、被害人陈述、犯罪嫌疑人供述）一般需要侦查机关重新收集；鉴定意见可以直接转化

考点 10：监察机关收集证据的效力 ★ ★

《人民检察院刑事诉讼规则》第 65 条规定，监察机关依照法律规定收集的物证、书证、证人证言、被调查人供述和辩解、视听资料、电子数据等证据材料，在刑事诉讼中可以作为证据使用

【总结】监察机关收集的证据的效力与公安机关相当，均可直接使用

第七章　强制措施

扫描右侧二维码"听课＋做题"，直达最佳学习效果
1. 在线听课：学习本章节核心考点讲解课程。
2. 在线刷题：点击 🏠 进入题库做章节练习。

考点 1：强制措施概述 ★★★★

主体	（1）**决定主体**：公安机关、检察院、法院 （2）**执行主体**：公安机关———所有强制措施；检察院、法院———拘传 【总结】强制措施中，公、检、法都有权决定并执行的只有拘传
对象	（1）强制措施只适用于被追诉人 （2）不得对其他诉讼参与人与案外人适用
内容	（1）对被追诉人人身自由的限制或剥夺 （2）不包括对物的强制性处分
目的／性质	预防性措施，不具有惩罚性
特点	（1）法定性（强制措施涉及公民宪法权利，只能由刑事诉讼法明确规定） （2）临时性（根据案情变化可随时变更或解除）
种类	拘传、取保候审、监视居住、拘留、逮捕
适用原则	（1）必要性 （2）相当性（比例原则） （3）变更性（体现：强制措施种类的变更；强制措施的解除）
考量因素	（1）被追诉人所涉犯罪行为的社会危害性 （2）被追诉人的社会危险性 （3）办案机关对案件事实的调查情况和对证据的掌握情况 （4）被追诉人的个人情况

考点 2：拘传 ★★★

适用主体	公安机关、检察院、法院都有权**决定并执行**拘传 【注意】强制措施中，法院、检察院仅有权执行拘传，其他的强制措施都只能由公安机关执行
适用对象	**未被羁押的**被追诉人 【法考观点】对被告单位代表人的强制到庭不属于拘传

（续）

程序	批准主体	公安机关负责人、检察院检察长、法院院长	
		公安机关异地拘传，应当通知当地公安机关协助	
	执行人	2 人以上	
程序	拘传／传唤后的讯问	（1）讯问地点：犯罪嫌疑人所在市、县内的指定地点或犯罪嫌疑人住处 （2）拘传时间：传唤、拘传持续的时间不得超过 12 小时；案情特别重大、复杂，需要采取拘留、逮捕措施的，传唤、拘传持续的时间不得超过 24 小时 （3）不得以连续传唤、拘传的形式变相拘禁犯罪嫌疑人 （4）两次拘传的间隔时间一般不得少于 12 小时 （5）拘传、传唤过程中，应当保证犯罪嫌疑人的饮食和必要的休息时间	
拘传与传唤		拘传	传唤
	对象	未被羁押的被追诉人	当事人
	强制性	√	×
	文书	必须出示《拘传证》（法院：《拘传票》）	一般需要《传唤通知书》；对在现场发现的犯罪嫌疑人，经出示工作证件，可以口头传唤，但应在讯问笔录中注明
	【注意】传唤并非拘传的前置程序，可以不经传唤直接拘传（比较：民事诉讼中，必须经过二次传唤当事人拒不到庭，才可适用拘传） 【比较】 ①附带民事诉讼原告人经传唤，无正当理由拒不到庭，或未经法庭许可中途退庭的，按撤诉处理 ②自诉人经两次传唤，无正当理由拒不到庭的，或未经法庭许可中途退庭的，按撤诉处理		

考点 3：取保候审 ★★★★

适用对象	积极条件	（1）可能判处管制、拘役或独立适用附加刑的 （2）可能判处有期徒刑以上刑罚，采取取保候审不致发生社会危险性的 （3）患有严重疾病、生活不能自理，怀孕或正在哺乳自己婴儿的妇女，采取取保候审不致发生社会危险性的（绝对适用） （4）羁押期限届满，案件尚未办结，需要采取取保候审的（绝对适用） 取保候审亦适用于其他需要变更逮捕措施的被追诉人 【总结】管制拘役附加刑，有期病孕无危险，期限届满未办结
	消极条件	（1）累犯 （2）犯罪集团的主犯 （3）以自伤、自残办法逃避侦查 （4）严重暴力犯罪 （5）其他严重犯罪 【总结】累犯主犯，自伤自残，暴力犯罪 犯罪嫌疑人具有第（3）（4）项积极条件的除外（病重怀孕无危险；期限届满未办结）

（续）

程序	**申请主体**	被羁押或被监视居住的：被追诉人、法定代理人、近亲属、辩护人		
	决定主体	公安机关、检察院、法院 【注意】办案机关亦可依职权适用取保候审		
	执行主体	**公安机关**：①保证金的收取与保管；②取保候审期间的监管；③审查被取保候审人是否违反取保候审相关规定		
取保方式	**保证人** （1—2人）	适用情形	（1）无力交纳保证金的 （2）系未成年人或已满75周岁的人 （3）其他不宜收取保证金的 对于没有固定住所、无法提供保证人的未成年犯罪嫌疑人适用取保候审的，可以指定合适的成年人作为保证人	
		保证人的条件	（1）与本案无牵连 （2）有能力履行保证义务 （3）享有政治权利，人身自由未受到限制 （4）有固定的住处和收入	
		保证人的义务	（1）**监督**：监督被保证人遵守取保候审有关规定 （2）**报告**：发现被保证人发生或可能发生违反取保候审有关义务的情况时，及时向执行机关报告 【违反义务的责任】保证人违反保证义务，可以处以1000 - 20000元罚款；如果协助被保证人逃匿等，追究刑事责任（罚款＋刑责）	
	保证金	保证金起点	（1）公安机关：1000元 （2）检察机关：1000元（未成年人：500元）	
		收取依据	保证金数额，应综合考虑保证诉讼活动正常进行的需要，被取保候审人的社会危险性、案件的性质、情节，可能判处刑罚的轻重，被取保候审人的经济状况等情况	
		交纳、退还、没收	（1）保证金的交纳、退还由银行办理 （2）保证金的没收由公安机关执行	
	【注意】保证人与保证金不得同时适用			
被取保候审人的义务	**当然义务**	（1）未经**执行机关**批准不得离开**所居住的市、县** 【注意】如果取保候审是由法院或检察院决定的，执行机关（公安机关）在允许被追诉人离开所居住的市、县时，还应征得决定机关的同意（双重同意） （2）住址、工作单位和联系方式发生变动的，在24小时以内向执行机关报告 （3）在传讯的时候及时到案 （4）不得以任何形式干扰证人作证 （5）不得毁灭、伪造证据或串供		

（续）

被取保候审人的义务	选择性义务	公、检、法可以根据案件情况，责令被取保候审的被追诉人遵守以下一项或多项规定： （1）不得进入特定的场所① （2）不得与特定的人员会见或通信② （3）不得从事特定的活动③ （4）将护照等出入境证件、驾驶证件交执行机关保存 【总结】特定的场所特定的人，特定的活动特定的证（场所＋人员＋活动＋证件）
违反义务的后果		（1）已交纳保证金的，没收部分或全部保证金 （2）责令具结悔过 （3）重新交纳保证金、提出保证人 【注意】违反取保候审义务的后果是"重新交纳保证金"，而不是单纯增加保证金数额 （4）监视居住、予以逮捕 对违反取保候审规定，需要予以逮捕的，可以对被追诉人先行拘留
取保候审的自动解除		有下列情形之一的，取保候审自动解除，不再办理解除手续，决定机关应当及时通知执行机关： （1）取保候审依法变更为监视居住、拘留、逮捕，变更后的强制措施已经开始执行的 （2）检察院作出不起诉决定的 （3）法院作出的无罪、免予刑事处罚或者不负刑事责任的判决、裁定已经发生法律效力的 （4）被判处管制或者适用缓刑，社区矫正已经开始执行的 （5）被单处附加刑，判决、裁定已经发生法律效力的 （6）被判处监禁刑，刑罚已经开始执行的
取保期限		12个月；不同阶段分别计算（最长可达36个月）

考点4：监视居住★★★

适用对象	（1）患有严重疾病、生活不能自理的 （2）怀孕或正在哺乳自己婴儿的妇女 （3）系生活不能自理的人的唯一扶养人 （4）因为案件的特殊情况或办理案件的需要，采取监视居住措施更为适宜的

---

① 《关于取保候审若干问题的规定》第7条规定，决定取保候审时，可以根据案件情况责令被取保候审人不得进入下列"特定的场所"：（1）可能导致其再次实施犯罪的场所；（2）可能导致其实施妨害社会秩序、干扰他人正常活动行为的场所；（3）与其所涉嫌犯罪活动有关联的场所；（4）可能导致其实施毁灭证据、干扰证人作证等妨害诉讼活动的场所；（5）其他可能妨害取保候审执行的特定场所。

② 《关于取保候审若干问题的规定》第8条第1款规定，决定取保候审时，可以根据案件情况责令被取保候审人不得与下列"特定的人员"会见或者通信：（1）证人、鉴定人、被害人及其法定代理人和近亲属；（2）同案违法行为人、犯罪嫌疑人、被告人以及与案件有关联的其他人员；（3）可能遭受被取保候审人侵害、滋扰的人员；（4）可能实施妨害取保候审执行、影响诉讼活动的人员。

③ 《关于取保候审若干问题的规定》第9条规定，决定取保候审时，可以根据案件情况责令被取保候审人不得从事下列"特定的活动"：（1）可能导致其再次实施犯罪的活动；（2）可能对国家安全、公共安全、社会秩序造成不良影响的活动；（3）与所涉嫌犯罪相关联的活动；（4）可能妨害诉讼的活动；（5）其他可能妨害取保候审执行的特定活动。

（续）

适用对象	（5）羁押期限届满，案件尚未办结，需要采取监视居住措施的 【总结】病重怀孕扶养人，期限届满未办结 【取保转监视居住】对符合取保候审条件，但被追诉人不能提出保证人，也不交纳保证金的，可以监视居住
被监视居住人的义务	（1）未经执行机关批准不得离开执行监视居住的处所 （2）未经执行机关批准不得会见他人或通信 "他人"指与被监视居住人共同居住的家庭成员及委托的辩护律师以外的人 【关联知识点】危害国家安全犯罪、恐怖活动犯罪案件，在侦查期间，律师会见在押（含监视居住）的犯罪嫌疑人，应当经侦查机关许可 （3）在传讯的时候及时到案 （4）不得以任何形式干扰证人作证 （5）不得毁灭、伪造证据或串供 （6）将护照等出入境证件、身份证件、驾驶证件交执行机关保存
违反义务的后果	情节严重的，可以予以逮捕 需要予以逮捕的，可以先行拘留
监控方式	（1）执行机关对被监视居住的被追诉人，可以采取电子监控、不定期检查等监视方法对其遵守监视居住规定的情况进行监督 （2）在侦查期间，可以对被监视居住的犯罪嫌疑人的通信进行监控

指定居所监视居住	适用情形（可以）	（1）监视居住应当在被追诉人的住处执行。无固定住处的，可以在指定的居所执行 （2）对于涉嫌危害国家安全犯罪、恐怖活动犯罪，在住处执行可能有碍侦查的，经上一级公安机关批准，也可以在指定的居所执行 【总结】①无固定住处；②涉嫌危害国家安全犯罪、恐怖活动犯罪，在住处执行可能有碍侦查 【注意】指定居所监视居住：①不得在羁押场所、专门的办案场所执行；②不得收费
	通知家属	指定居所监视居住的，除无法通知的以外，应当在执行监视居住后24小时以内，通知被监视居住人的家属 【"无法通知"的情形】 ①不讲真实姓名、住址、身份不明 ②没有家属 ③提供的家属联系方式无法取得联系 ④因自然灾害等不可抗力导致无法通知
	刑期折抵	指定居所监视居住的期限应当折抵刑期： （1）被判处管制的，监视居住1日折抵刑期1日 （2）被判处拘役、有期徒刑的，监视居住2日折抵刑期1日

监居期限	6个月；不同阶段分别计算（最长可达18个月）

考点5：拘留 ★★★

适用对象	（1）正在预备犯罪、实行犯罪或在犯罪后即时被发觉的 （2）被害人或在场亲眼看见的人指认他犯罪的 （3）在身边或住处发现有犯罪证据的

（续）

适用对象		（4）犯罪后企图自杀、逃跑或在逃的 （5）有毁灭、伪造证据或串供可能的 （6）不讲真实姓名、住址，身份不明的 （7）有流窜作案、多次作案、结伙作案重大嫌疑的 【拘留的特点】①紧急情况下适用；②针对现行犯与重大嫌疑分子；③临时性强制措施 【注意】法院无权决定刑事拘留，只有权决定司法拘留 【先行拘留】 ①被追诉人违反取保候审、监视居住规定，需要予以逮捕的，可以先行拘留 ②先行拘留可以先执行拘留，再补办拘留证
程序	证件要求	拘留犯罪嫌疑人的时候，必须出示拘留证 紧急情况下，可以先拘留，后办证
	异地拘留	公安机关在异地执行拘留、逮捕的时候，应当通知被拘留、逮捕人所在地的公安机关，被拘留、逮捕人所在地的公安机关应当予以配合
	24小时内"三件事"	（1）送看守所：拘留后应当立即将被拘留人送看守所羁押，至迟不得超过24小时 异地执行拘留的，应当在到达管辖地后24小时内将犯罪嫌疑人送看守所羁押 （2）通知：应当在拘留后24小时以内通知被拘留人的家属，除非存在无法通知或涉嫌危害国家安全犯罪、恐怖活动犯罪，通知可能有碍侦查的，有碍侦查的情形消失以后，应当立即通知被拘留人的家属 【比较】被指定居所监视居住的人，无论涉嫌何种类型的犯罪，都应当在执行监视居住后24小时内通知被监视居住人的家属，除非无法通知 （3）讯问：应当在拘留后的24小时以内进行讯问。发现不应当拘留的，必须立即释放，并发给释放证明 【注意】拘留犯罪嫌疑人后的讯问，是应当在"拘留后"24小时以内进行，而非"送看守所后"24小时以内进行 【注意】谁决定拘留，就由谁通知家属并讯问
拘留期限		（1）公安机关对被拘留的人，认为需要逮捕的，应当在拘留后的3日以内，提请检察院审查批准 （2）特殊情况下，提请审查批准的时间可以延长1日至4日 （3）对于流窜作案、多次作案、结伙作案的重大嫌疑分子，提请审查批准的时间可以延长至30日 检察院应当自接到公安机关提请批准逮捕书后的7日以内，作出批准逮捕或者不批准逮捕的决定 【总结】一般情况：3＋7；特殊情况：7＋7；"流""多""结"：30＋7

💡【比较】三种拘留

	刑事拘留	司法拘留	行政拘留
性　质	强制措施	强制性、处罚性	处罚性措施
依　据	刑事诉讼法	三大诉讼法	行政法律法规
适用对象	现行犯与重大嫌疑分子	严重妨害诉讼进行的任何人	一般违法行为人

（续）

	刑事拘留	司法拘留	行政拘留
适用主体	公安机关、检察院	法院	公安机关
适用期限	（略）	15 日以内	10 日（一般）；15 日（较重）；20 日（合并）
刑期折抵	拘留 1 日折抵刑期 1 日	—	基于同一行为时可以折抵

考点 6：逮捕 ★★★★

适用条件	一般逮捕	（1）证据条件——有证据证明有犯罪事实： ①有证据证明发生了犯罪事实 ②有证据证明该犯罪事实是犯罪嫌疑人实施的 ③犯罪嫌疑人实施犯罪行为的证据已有查证属实的 （2）刑罚条件——可能判处徒刑以上刑罚 （3）社会危险性条件——采取取保候审尚不足以防止发生下列社会危险性的： ①可能实施新的犯罪的 ②有危害国家安全、公共安全或社会秩序的现实危险的 ③可能毁灭、伪造证据，干扰证人作证或串供的 ④可能对被害人、举报人、控告人实施打击报复的 ⑤企图自杀或逃跑的 【总结】实施新罪、现实危险、影响作证、打击报复、自杀逃跑 【社会危险性考量因素】批准或决定逮捕，应当将被追诉人涉嫌犯罪的性质、情节及认罪认罚等情况，作为是否可能发生社会危险性的考虑因素
	重罪逮捕	对有证据证明有犯罪事实，可能判处 10 年有期徒刑以上刑罚的，应当予以逮捕
	累犯逮捕	对有证据证明有犯罪事实，可能判处徒刑以上刑罚，曾经故意犯罪的，应当予以逮捕
	身份不明	对有证据证明有犯罪事实，可能判处徒刑以上刑罚，身份不明的，应当予以逮捕
	转化型逮捕	被取保候审、监视居住的被追诉人违反取保候审、监视居住规定，情节严重的，可以予以逮捕
决定机关	检察院	批准逮捕（公安机关侦查的案件）、决定逮捕（自侦案件、审查起诉阶段）
	法 院	决定逮捕：①自诉案件的逮捕；②审判阶段的逮捕
审查逮捕讯问		（1）检察院审查批准逮捕，可以讯问犯罪嫌疑人 （2）有下列情形之一的，应当讯问犯罪嫌疑人： ①对是否符合逮捕条件有疑问 ②犯罪嫌疑人要求向检察人员当面陈述 ③侦查活动可能有重大违法行为 ④案情重大疑难复杂 ⑤犯罪嫌疑人认罪认罚的 ⑥犯罪嫌疑人系未成年人

（续）

审查逮捕讯问	⑦犯罪嫌疑人是**盲、聋、哑人**或尚未完全丧失辨认或控制自己行为能力的**精神病人** 【总结】逮捕有疑、嫌犯要求、侦查违法、疑难复杂、认罪认罚、盲聋哑、精神病、未成年	
听取辩护律师意见	检察院审查批准逮捕，可以询问证人等诉讼参与人，听取辩护律师的意见；**辩护律师提出要求的，应当**听取辩护律师的意见 检察院审查批准逮捕和法院决定逮捕未成年人，**应当**讯问未成年犯罪嫌疑人、被告人，听取辩护律师的意见	
审查逮捕的处理	**符合逮捕条件**	批准／决定逮捕 对于批准逮捕的决定，公安机关应当立即执行，并且将执行情况及时通知检察院
	不符合逮捕条件	不批准逮捕／不予逮捕 对于不批准逮捕的，检察院应当说明理由，需要补充侦查的，应当同时通知公安机关 【注意】审查逮捕阶段的补充侦查只能由公安机关进行 对于没有犯罪事实或犯罪嫌疑人具有《刑事诉讼法》第16条规定情形之一，检察院作出不批准逮捕决定的，应当同时告知公安机关**撤销案件** 对于有犯罪事实需要追究刑事责任，但不是被立案侦查的犯罪嫌疑人实施，或共同犯罪案件中部分犯罪嫌疑人不负刑事责任，检察院作出不批准逮捕决定的，应当同时告知公安机关对有关犯罪嫌疑人**终止侦查**
	复议复核	（1）公安机关对不批准逮捕的决定，可以要求复议，但是必须将被拘留的人**立即释放** （2）如果意见不被接受，可以向**上一级**检察院提请复核（**先向同级复议，再向上一级复核**） （3）上级检察院应当立即复核，作出是否变更的决定，通知下级检察院和公安机关执行
	转向监视居住	对**患有严重疾病、生活不能自理**的犯罪嫌疑人，检察院经审查认为不需要逮捕的，可以在作出不批准逮捕决定的同时，向侦查机关提出监视居住的建议
	漏捕的处理	检察院办理审查逮捕案件，发现应当逮捕而公安机关未提请批准逮捕的犯罪嫌疑人的，**应当要求公安机关提请批准逮捕**。如果公安机关仍不提请批准逮捕或不提请批准逮捕的理由不能成立的，检察院也可以**直接作出逮捕决定，送达公安机关执行** 【注意】检察院可以不经公安机关提请批准逮捕，而直接作出逮捕决定
审查逮捕的期限	（1）**被拘留**：7日 （2）**未被拘留**：15日；20日（重大、复杂）	
逮捕的执行	（1）公安机关2人以上执行 【异地逮捕】公安机关在异地执行拘留、逮捕的时候，应当通知被拘留、逮捕人所在地的公安机关，被拘留、逮捕人所在地的公安机关应当予以配合 （2）**逮捕证**：必须出示逮捕证 逮捕证由县级以上公安机关负责人签发 （3）逮捕后应当**立即送看守所** （4）**24小时内"两件事"**： ①通知：24小时以内通知被逮捕人的家属（除非无法通知） ②讯问：应当在逮捕后的24小时内讯问。在发现不应当逮捕的时候，必须立即释放，发给释放证明 谁决定逮捕，就由谁通知家属并讯问	

考点 7: 捕后羁押必要性审查 ★★★★

审查对象	被逮捕的犯罪嫌疑人、被告人有无继续羁押的必要性
审查机关	检察院
启动方式	（1）依职权：犯罪嫌疑人、被告人被逮捕后，检察院仍应对羁押的必要性进行审查。对不需要继续羁押的，应当建议予以释放或变更强制措施。有关机关应当在 10 日内将处理情况通知检察院 （2）依申请：被追诉人、法定代理人、辩护人、近亲属申请进行羁押必要性审查的，应当说明不需要继续羁押的理由。有相关证明材料的，应当一并提供
公开审查	检察院可以对羁押必要性审查案件进行公开审查；但涉及国家秘密、商业秘密、个人隐私（注意：不含"未成年人"的情形）的案件，不公开审查（秘密＋隐私） 公开审查可以邀请与案件没有利害关系的人大代表、政协委员、人民监督员、特约检察员参加
考量因素	被追诉人涉嫌犯罪事实、主观恶性、悔罪表现、身体状况、案件进展情况、可能判处的刑罚和有无再危害社会的危险等因素
审查后变更强制措施的情形	（1）应当变更：检察院应当向办案机关提出释放或变更强制措施的建议： ①案件证据发生重大变化，没有证据证明有犯罪事实或犯罪行为系被追诉人所为的 ②案件事实或情节发生变化，被追诉人可能被判处拘役、管制、独立适用附加刑、免予刑事处罚或判决无罪的 ③继续羁押被追诉人，羁押期限将超过依法可能判处的刑期的 ④案件事实基本查清，证据已经收集固定，符合取保候审或监视居住条件的 【总结】证据不足、拘役以下、将超刑期、案情查清 （2）可以变更：被追诉人具有从轻量刑情节，且有悔罪表现，不予羁押不致发生社会危险性
审查结果	（1）解除羁押： ①经审查认为无继续羁押必要的，检察官应当报经检察长或分管副检察长批准，以本院名义向办案机关发出释放或变更强制措施建议书，并要求办案机关在 10 日内回复处理情况 ②办案机关未在 10 日内回复处理情况的，检察院可以本院名义发出纠正违法通知书，要求及时回复 释放或变更强制措施建议书应当说明不需要继续羁押犯罪嫌疑人、被告人的理由和法律依据 （2）继续羁押：经审查认为有继续羁押必要的，由检察官决定结案，并通知办案机关 【总结】解除羁押须检察长或分管副检察长批准；继续羁押由检察官决定
审查期限	办理羁押必要性审查案件，应当在立案后 10 个工作日内决定是否提出释放或变更强制措施的建议。案件复杂的，可以延长 5 个工作日（10 + 5）

第八章　附带民事诉讼

扫描右侧二维码"听课 + 做题"，直达最佳学习效果

1. 在线听课：学习本章节核心考点讲解课程。

2. 在线刷题：点击⌂进入题库做章节练习。

考点 1：附带民事诉讼的成立条件★★

刑事诉讼 成立	（1）被告人行为是受法律保护的行为（如正当防卫、紧急避险）：不能提起附带民事诉讼 （2）被告人行为不构成犯罪而构成民事侵权行为的： ①侦查阶段、审查起诉阶段：不能提起 ②审判阶段：就刑事部分作出无罪判决，附带民事部分作出赔偿损失的民事判决 （3）法院认定公诉案件被告人的行为不构成犯罪，对已经提起的附带民事诉讼，经调解不能达成协议的，可以一并作出刑事附带民事判决，也可以告知附带民事诉讼原告人另行提起民事诉讼 （4）法院准许检察院撤回起诉的公诉案件，对已经提起的附带民事诉讼，可以进行调解；不宜调解或经调解不能达成协议的，应当裁定驳回起诉，并告知附带民事诉讼原告人可以另行提起民事诉讼
原告人适格	（1）因犯罪行为遭受物质损失的公民与企事业单位、机关团体等 （2）无行为能力或限制行为能力被害人的法定代理人 （3）已死亡被害人的近亲属 （4）国家或集体财产遭受损失，受损单位未提起附带民事诉讼的，检察院可以自己的名义提起 【总结】检察院提起附带民事诉讼必须符合两个条件：①国家、集体财产受损；②受损单位未提起
有明确的 被告人	（1）刑事被告人 （2）未被追究刑事责任的其他共同侵害人 （3）刑事被告人的监护人 （4）遗产继承人：①被告人已被执行死刑；②共同犯罪案件中，被告人在案件审结前死亡 （5）对被害人的物质损失依法应当承担赔偿责任的其他单位和个人

（续）

被害人遭受物质损失	（1）原则上不得提起精神损害赔偿：因受到犯罪侵犯，提起附带民事诉讼或者单独提起民事诉讼要求赔偿精神损失的，法院一般不予受理 【注意】因受到犯罪侵犯，不仅一般不得在附带民事诉讼中要求赔偿精神损失，也一般不得另行提起民事诉讼，要求赔偿精神损失 （2）物质损失，即已经发生的损失（如医药费）和必然发生的损失（如误工费）：①因人身权利受到侵害而遭受的物质损失；②因财物被毁坏而遭受的物质损失 【注意】物质损失不包括经过努力才能得到的预期利益（如奖金） （3）犯罪行为造成被害人人身损害的，应当赔偿医疗费、护理费、交通费等为治疗和康复支付的合理费用，以及因误工减少的收入。造成被害人残疾的，还应当赔偿残疾生活辅助具费等费用；造成被害人死亡的，还应当赔偿丧葬费等费用 【注意】不含死亡赔偿金、残疾赔偿金 （4）附带民事诉讼当事人就民事赔偿问题达成调解、和解协议的，赔偿范围、数额不受限制
物质损失由犯罪行为直接造成	（1）非由犯罪行为造成的损失不得提起附带民事诉讼 （2）被告人非法占有、处置被害人财产的，应当予以追缴或责令退赔。被害人提起附带民事诉讼的，法院不予受理 （3）对间接损失不得提起附带民事诉讼 （4）国家机关工作人员在行使职权时，侵犯他人人身、财产权利构成犯罪，被害人或其法定代理人、近亲属提起附带民事诉讼的，法院不予受理，但应当告知其可以申请国家赔偿

考点2：附带民事诉讼的程序★★

附带民事诉讼的提起	（1）提起的期间：立案后至一审宣判前 【一审判决后才提起】第一审期间未提起附带民事诉讼，在第二审期间提起的，第二审法院可以依法进行调解；调解不成的，告知当事人可以在刑事裁判生效后另行提起民事诉讼 【审前达成协议】侦查、审查起诉期间，有权提起附带民事诉讼的人提出赔偿要求，经公安机关、检察院调解，当事人双方已经达成协议并全部履行，被害人或其法定代理人、近亲属又提起附带民事诉讼的，法院不予受理，但有证据证明调解违反自愿、合法原则的除外 （2）提起的方式： ①公民：一般应书面提出；书写确有困难的，可口头提出 ②检察院：必须书面提出
受理程序	（1）法院收到附带民事诉状后，应在7日内决定是否立案 （2）符合法定条件的，应当受理；不符合规定的，应当裁定驳回起诉

（续）

审判组织	（1）附带民事诉讼应当同刑事案件一并审判 （2）只有为了防止刑事案件审判的过分迟延，才可以在刑事案件审判后，由同一审判组织继续审理附带民事诉讼 【分别审判程序要求】 ①只能先审刑事部分，后审民事部分 ②必须由同一审判组织继续审理附带民事部分。如果同一审判组织的成员确实无法继续参加审判的，可以更换审判组织成员 ③附带民事部分判决对案件事实的认定不得同刑事判决相抵触 ④不影响刑事裁判的生效
证明责任	附带民事诉讼的当事人对自己提出的主张，有责任提供证据（谁主张，谁举证）
缺席审判	（1）附带民事诉讼原告人经传唤，无正当理由拒不到庭，或未经法庭许可中途退庭的，应当按撤诉处理 （2）刑事被告人以外的附带民事诉讼被告人经传唤，无正当理由拒不到庭，或未经法庭许可中途退庭的，附带民事部分可以缺席判决 刑事被告人以外的附带民事诉讼被告人下落不明，或用公告送达以外的其他方式无法送达，可能导致刑事案件审判过分迟延的，可以不将其列为附带民事诉讼被告人，告知附带民事诉讼原告人另行提起民事诉讼
免诉讼费	法院审理附带民事诉讼案件，不收取诉讼费

第九章　期间与送达

扫描右侧二维码"听课 + 做题"，直达最佳学习效果
1. 在线听课：学习本章节核心考点讲解课程。
2. 在线刷题：点击🏠进入题库做章节练习。

考点 1：期间★

		期间	期日
期间与期日		国家专门机关与诉讼参与人参加刑事诉讼应当遵守的**时间期限**	国家专门机关与诉讼参与人共同进行刑事诉讼活动的**特定时间**
		国家专门机关与诉讼参与人**各自进行**某项诉讼活动的时间	国家专门机关与诉讼参与人**共同进行**刑事诉讼活动的时间
		由法律规定，不得任意变更	由国家专门机关指定，遇重大理由可另行指定期日
		一旦确定开始的时间，终止时间也随之确定	只规定开始的时间，不规定终止的时间。以诉讼行为的开始为开始，以诉讼行为的实行完毕为终止
		开始后不要求立即进行诉讼行为，在期间届满前任何时候进行诉讼行为都有效	开始后必须立即进行某项诉讼行为
计算单位		时、日、月（半个月 = 15 日）	
计算方法		（1）以月计算的期间，自本月某日至下月同日为一个月；期限起算日为本月最后一日的，至下月最后一日为一个月；下月同日不存在的，自本月某日至下月最后一日为一个月；半个月一律按 15 日计算 （2）以月计算的刑期，自本月某日至下月同日的前一日为一个月；刑期起算日为本月最后一日的，至下月最后一日的前一日为一个月；下月同日不存在的，自本月某日至下月最后一日的前一日为一个月；半个月一律按 15 日计算 （3）以年计算的刑期，自本年本月某日至次年同月同日的前一日为一年；次年同月同日不存在的，自本年本月某日至次年同月最后一日的前一日为一年 （4）期间的起算不包括开始的时和日 （5）法定期间不包括路途上的时间 有关诉讼材料在公安司法机关之间传递过程中的时间，应当在法定期间内予以扣除上诉状或其他文件在期满前已经交邮的，不算过期 【注意】交邮时间以邮戳为准 （6）期间的最后一日为节假日的，以节假日后的第一日为期满日期，但犯罪嫌疑人、被告人或罪犯在押期间，应当至期满之日为止，不得因节假日而延长	

（续）

期间的耽误与恢复	（1）**期间的耽误**：公安司法机关或诉讼参与人由于某种原因，未在法定期限内完成应进行的诉讼行为 （2）**恢复期间的条件**： ①当事人提出申请 ②当事人证明耽误期间是由于不能抗拒的原因或有其他正当理由，使其无法完成诉讼活动 ③在障碍消除后 5 日内提出 ④法院裁定批准
重新计算期间的情形	（1）重新办理取保候审、监视居住手续的，取保候审、监视居住的期限重新计算 （2）侦查过程中，发现犯罪嫌疑人另有重要罪行的，侦查羁押期限自发现之日起重新计算 （3）犯罪嫌疑人不讲真实姓名、住址，身份不明的，应当对其身份进行调查，侦查羁押期限自查清其身份之日起计算 （4）审查起诉阶段补充侦查的案件，补充侦查完毕移送检察院后，检察院重新计算审查起诉期限 （5）审判阶段补充侦查的案件，补充侦查完毕移送法院后，法院重新计算审理期限 （6）第二审法院发回原审法院重新审判的案件，原审法院从收到发回的案件之日起，重新计算审理期限 （7）简易程序转为普通程序，审理期限从决定转化之日起计算 （8）检察院审查起诉的案件，改变管辖的，从改变后的检察院受理之日起重新计算审查起诉期限 【总结】办案机关变了
不计入期间的情形	（1）精神病鉴定期间，不计入办案期限 （2）中止审理的期间不计入审理期限 （3）第二审法院应当在决定开庭审理后及时通知检察院查阅案卷。检察院应当在一个月以内查阅完毕。检察院查阅案卷的时间不计入审理期限 （4）不符合暂予监外执行条件的罪犯通过贿赂等非法手段被暂予监外执行的，在监外执行的期间不计入执行刑期；罪犯在暂予监外执行期间脱逃的，脱逃的期间不计入执行刑期

考点 2：送达 ★

直接送达	（1）又称"交付送达" （2）直接送交受送达人本人 （3）收件人本人不在的，可由其成年家属或所在单位负责收件的人员代收，此亦为直接送达 （4）收件人或代收人在送达回证上签收的日期为送达日期

（续）

留置送达	（1）**适用条件**：收件人或有资格接受送达的人**拒绝签收** 【注意】 ①找不到收件人，也找不到代收人时，不得适用留置送达 ②调解书不适用留置送达 （2）收件人或代收人拒绝签收的，送达人可以邀请见证人到场，说明情况，在送达回证上注明拒收的事由和日期，由送达人、见证人签名或盖章，将诉讼文书留在收件人、代收人的住处或单位 （3）也可以把诉讼文书留在受送达人的住处，并采用拍照、录像等方式记录送达过程，即视为送达
委托送达	直接送达诉讼文书有困难的，可以委托收件人所在地的**法院**代为送达
邮寄送达	（1）直接送达诉讼文书有困难的，可以委托收件人所在地的法院邮寄送达 （2）邮寄送达的，应当将诉讼文书、送达回证挂号邮寄给收件人 （3）挂号回执上注明的日期为送达日期 （4）邮寄送达的，签收日期为送达日期
转交送达	（1）诉讼文书的收件人是军人的，可以通过其所在部队团级以上单位的政治部门转交 （2）收件人正在服刑的，可以通过执行机关转交 （3）收件人正在被采取强制性教育措施的，可以通过强制性教育机构转交

第十章 立案

考点 1：立案材料的来源 ★

（1）公安机关发现犯罪事实或犯罪嫌疑人
【注意】基于"不告不理"，法院不能主动发现犯罪线索
（2）犯罪嫌疑人的自首
（3）单位或个人的报案、举报
（4）被害人的报案、控告
报案、举报、控告的方式：书面或口头
（5）自诉人的自诉（针对自诉案件）
（6）其他途径：上级机关交办、群众扭送、党的纪检部门移送、其他行政执法机关移送

💡【比较】报案、举报、控告

	主体	内容
报案	任何单位或个人（含被害人）	犯罪事实
举报	被害人以外的单位或个人	犯罪事实、犯罪嫌疑人
控告	被害人（近亲属、诉讼代理人）	犯罪事实、犯罪嫌疑人

考点 2：立案的功能 ★

（1）开启刑事诉讼程序；（2）为侦查提供基础和依据；（3）保障公民合法权益

考点 3：立案的程序 ★★

立案前的初查	（1）初查过程中，侦查机关可以采取询问、查询、勘验、鉴定和调取证据材料等不限制被调查对象人身、财产权利的措施 （2）初查过程中，不得查封、扣押、冻结初查对象的财产；不得采取技术侦查措施 【总结】初查过程中，只能采取任意性侦查措施，不能采取强制性侦查措施

（续）

立案条件	（1）**公诉案件**：①有证据证明有犯罪事实；②需要追究刑事责任 （2）**自诉案件**：①属于自诉案件的范围；②被害人提起自诉；③受案法院有管辖权；④有明确的被告人、具体的诉讼请求与能够证明被告人犯罪的证据
对立案材料的接受	（1）公、检、法对报案、举报、控告、自首都应当**接受**（注意：并非都应当"立案"） （2）对不属于自己管辖的，应当**移送主管机关**，并通知报案人、举报人、控告人 （3）必要时，应**先采取紧急措施**，然后移送主管机关 紧急措施，指保护现场、扣押证据、先行拘留犯罪嫌疑人等
对立案材料的处理	（1）审查结果：立案或者不立案 （2）立案与不立案决定均须以**书面**形式作出 （3）不立案决定应当告知**控告人**、移送案件的行政执法机关（无须通知报案人、举报人） 公安机关决定不立案的，应当将不立案的原因通知控告人。控告人不服的，可以向作出不立案决定的公安机关申请复议 【总结】公安机关决定不立案，被害人可找公、检、法任何一家：向公安机关复议，向检察院申诉，向法院自诉 （4）公安机关认为行政执法机关移送案件材料不全的，应当通知移送案件的行政执法机关在 3 日内补正 【注意】不得以材料不全为由不接受移送案件
撤案	（1）应当撤案的情形：没有犯罪事实，具有《刑事诉讼法》第16条规定情形之一 （2）公安机关作出撤销案件决定后，应当在 3 日内告知原犯罪嫌疑人、被害人或其近亲属、法定代理人以及案件移送机关

考点 4：立案监督★★★

申请监督	被害人及其法定代理人、近亲属或行政执法机关，认为公安机关对其控告或移送的案件应当立案侦查而不立案侦查，或当事人认为公安机关不应当立案而立案，向检察院提出的，检察院应当受理并进行审查
要求说明理由	（1）检察院认为需要公安机关说明不立案理由的，应当**要求**公安机关书面说明不立案的理由 （2）有证据证明公安机关可能存在违法动用刑事手段插手民事、经济纠纷，或利用立案实施报复陷害、敲诈勒索以及谋取其他非法利益等违法立案情形，尚未提请批准逮捕或移送审查起诉的，应当**要求**公安机关书面说明立案理由 （3）检察院要求公安机关说明不立案或立案理由，应当制作要求说明不立案理由通知书或要求说明立案理由通知书，送达公安机关 【总结】检察院认为公安机关不立案或立案存在错误的，应当书面要求公安机关书面说明理由
审查后的处理	（1）**理由不成立**：检察院认为公安机关理由不能成立的，应当**通知**公安机关立案或撤销案件 【注意】要求说明理由是通知立案／撤销案件的必经程序 公安机关在收到通知立案书或通知撤销案件书后，应当立案（15日内）或撤销案件（立即） （2）**理由成立**：检察院认为公安机关不立案或立案理由成立的，应当在 10 日以内将不立案或立案的理由和根据告知被害人及其法定代理人、近亲属、行政执法机关 【总结】①理由不成立，通知公安机关立案或撤案；②理由成立，告知控告申诉人

（续）

对公安机关不执行决定的处理	公安机关在收到通知立案书或通知撤销案件书后超过 15 日不予立案或既不提出复议、复核也不撤销案件的，检察院应当发出纠正违法通知书予以纠正。公安机关仍不纠正的，报上一级检察院协商同级公安机关处理 【关联知识点】对于由公安机关管辖的国家机关工作人员利用职权实施的重大犯罪案件，检察院通知公安机关立案，公安机关不予立案的，经省级以上检察院决定，检察院可以直接立案侦查
公安机关复议、复核	（1）公安机关认为检察院撤销案件决定有错误的，可以向同级检察院复议 （2）对复议决定不服的，可以提请上一级检察院复核 【总结】先向同级复议，再向上一级复核

第十一章　侦查

扫描右侧二维码"听课＋做题"，直达最佳学习效果
1. 在线听课：学习本章节核心考点讲解课程。
2. 在线刷题：点击 ⊕ 进入题库做章节练习。

考点 1：讯问犯罪嫌疑人 ★★★★

主体	（1）侦查人员：2 人以上 （2）检察人员：2 人以上（检察官 2 人或者检察官、书记员）
地点	（1）未羁押的：可以传唤到犯罪嫌疑人所在市、县内的指定地点或到犯罪嫌疑人住处进行讯问 （2）已羁押的：应当在看守所内讯问
证件要求	应当出示侦查机关的证明文件 对在现场发现的犯罪嫌疑人，经出示工作证件，可以口头传唤，但应当在讯问笔录中注明
时间	（1）对于被拘留或逮捕的犯罪嫌疑人，均应在拘留、逮捕后的 24 小时内进行讯问 （2）传唤、拘传持续的时间最长不得超过 12 小时；案情特别重大复杂，需要采取拘留逮捕措施的，传唤、拘传时间不得超过 24 小时 （3）两次传唤间隔的时间一般不得少于 12 小时，不得以连续传唤的方式变相拘禁犯罪嫌疑人，应当保证犯罪嫌疑人的饮食和必要的休息时间
程序	（1）侦查人员在讯问犯罪嫌疑人的时候，应当首先讯问犯罪嫌疑人是否有犯罪行为，让他陈述有罪的情节或无罪的辩解，然后向他提出问题 （2）犯罪嫌疑人对侦查人员的提问，应当如实回答 对与本案无关的问题，有拒绝回答的权利 （3）侦查人员在讯问犯罪嫌疑人的时候，应当告知犯罪嫌疑人如实供述自己罪行可以从宽处理和认罪认罚的法律规定 （4）讯问同案犯罪嫌疑人，应当分别进行
讯问笔录	（1）讯问犯罪嫌疑人，应当制作笔录 （2）讯问笔录应当交犯罪嫌疑人核对，对于没有阅读能力的，应当向他宣读 （3）如果记载有遗漏或差错，犯罪嫌疑人可以提出补充或改正 （4）犯罪嫌疑人承认笔录没有错误后，应当签名或盖章 （5）侦查人员也应当在笔录上签名 （6）犯罪嫌疑人请求自行书写供述的，应当准许 但不得以自行书写的供述代替讯问笔录

（续）

讯问时同步录音录像	（1）**可以**：侦查人员在讯问犯罪嫌疑人的时候，可以对讯问过程进行录音或录像 （2）**应当**：对于可能判处**无期徒刑**、**死刑**的案件或其他重大犯罪案件，**应当**对讯问过程进行录音或录像 《监察法》第41条第2款规定，调查人员进行讯问以及搜查、查封、扣押等重要取证工作，应当对全过程进行录音录像，留存备查 《人民检察院刑事诉讼规则》第190条规定，检察院办理直接受理侦查的案件，应当在每次讯问犯罪嫌疑人时，对讯问过程实行全程录音、录像，并在讯问笔录中注明 【总结】讯问时"应当"录音录像的情形：①无期徒刑、死刑；②监委调查；③检察院自侦 【关联知识点】对重大案件，检察院驻看守所检察人员在侦查终结前应当对讯问合法性进行核查并全程同步录音、录像，核查情况应当及时通知本院负责捕诉的部门
讯问特殊主体的程序要求	（1）讯问**聋、哑人**，应当有通晓聋、哑手势的人参加 （2）讯问**不通晓当地语言文字的人**，应当配备翻译人员 （3）讯问**未成年人**，应当通知其法定代理人或合适的成年人在场 （4）讯问**女性未成年人**，应当有女性工作人员**在场**

考点2：询问证人、被害人 ★★★

主体	侦查人员2人以上
地点	（1）现场；（2）证人单位；（3）证人住处；（4）证人提出的地点；（5）侦查机关：必要时，可以通知证人到侦查机关提供证言
证件	（1）在现场询问证人，应当出示工作证件 （2）到证人所在单位、住处或证人提出的地点询问证人，应当出示侦查机关的证明文件
询问方法	（1）应当个别进行 （2）应当告知证人应当如实地提供证据、证言和有意作伪证或隐匿罪证要负的法律责任
询问特殊主体的程序要求	（1）询问未成年人，应当通知其法定代理人或合适成年人到场 （2）询问女性未成年人，应当有女性工作人员**在场** （3）询问聋、哑人，应当有通晓聋、哑手势的人参加

考点3：勘验、检查 ★★★

主体	侦查人员2人以上 必要时可指派或聘请具有专门知识的人，**在侦查人员的主持下**进行勘验、检查
对象	（1）**勘验**：场所、物品、尸体 （2）**检查**：活人的身体
证件	必须持有侦查机关的证明文件

（续）

种类	（1）现场勘验 （2）物证检验 （3）尸体检验：对于死因不明的尸体，公安机关有权决定解剖，并且通知死者家属到场 （4）人身检查： ①一般只能由侦查人员进行，必要时可以邀请法医或医师参加 ②可以提取指纹信息，采集血液、尿液等生物样本 ③被害人死亡的，应当通过被害人近亲属辨认、提取生物样本鉴定等方式确定被害人身份 ④检查妇女的身体，应当由女工作人员或医师进行 ⑤犯罪嫌疑人如果拒绝检查，可以强制检查 （5）侦查实验①：①公安机关负责人批准；②禁止一切足以造成危险、侮辱人格或有伤风化的行为
见证人	勘验、检查时，应当邀请2名与案件无关的见证人在场
笔录制作	勘验、检查的情况应当写成笔录，由参加勘验、检查的人和见证人签名或盖章

考点4：搜查★★★

主体	侦查人员2人以上
证件	（1）必须向被搜查人出示搜查证 （2）无证搜查：在执行逮捕、拘留的时候，遇有紧急情况，不另用搜查证也可以进行搜查
程序	（1）见证人：搜查的时候，应当有被搜查人或他的家属、邻居或其他见证人在场 （2）搜查妇女的身体，应当由女工作人员进行 （3）搜查笔录：搜查的情况应当写成笔录，由侦查人员和被搜查人或他的家属、邻居或其他见证人签名或盖章 如果被搜查人或他的家属在逃或拒绝签名、盖章，应当在笔录上注明

考点5：查封、扣押、查询、冻结★★

主体	侦查人员2人以上
对象	（1）查封、扣押：可用以证明犯罪嫌疑人有罪或无罪的财物、文件 与案件无关的财物、文件，不得查封、扣押 （2）查询、冻结：犯罪嫌疑人的存款、汇款、债券、股票、基金份额等财产
证件	应出示查封、扣押决定书 【注意】没有"查封证""扣押证"

---

① 为了确定与案件有关的某一事件或事实在某种条件下能否发生或怎样发生，而按照原来的条件，将该事件或事实重演或进行实验的一种侦查活动。

（续）

查封、扣押程序	（1）对查封、扣押的财物、文件，应当会同在场见证人和被查封、扣押财物、文件持有人查点清楚，当场开列查封、扣押清单一式三份，由侦查人员、见证人和持有人签名或盖章，一份交给持有人，一份交给公安机关保管人员，另一份附卷备查 （2）对于无法确定持有人的财物、文件或持有人拒绝签名的，侦查人员应当在清单中注明 （3）扣押文物、金银、珠宝、名贵字画等贵重财物的，应当拍照或录像，并及时鉴定、估价 （4）持有人拒绝交出应当查封、扣押的财物、文件的，侦查人员可以强制查封、扣押
扣押邮件、电报	（1）侦查人员认为需要扣押犯罪嫌疑人的邮件、电报的时候，经侦查机关批准，即可通知邮电机关将有关的邮件、电报检交扣押 （2）不需要继续扣押的时候，应即通知邮电机关
不易保管物品、违禁品的保管与处理	（1）对容易腐烂变质及其他不易保管的财物，经侦查机关负责人批准，在拍照或录像后委托有关部门变卖、拍卖；变卖、拍卖的价款暂予保存，待诉讼终结后一并处理 （2）对违禁品，依照有关规定处理；对于需要作为证据使用的，应当在诉讼终结后处理
查询、冻结存款、汇款	（1）不得划扣 （2）对已冻结的财产，不得重复冻结

考点6：鉴定 ★★

主体	侦查机关指派或聘请的鉴定人
对象	专门性问题
鉴定人的禁止条件	（1）因故意犯罪或职务过失犯罪受过刑事处罚（故意犯罪＋刑罚；职务过失犯罪＋刑罚） （2）受过开除公职处分 （3）被撤销鉴定人登记的人员
鉴定人负责制	（1）鉴定人应当在一家鉴定机构中从事司法鉴定业务 （2）鉴定人进行鉴定后，应当出具鉴定意见、检验报告，同时附上鉴定机构和鉴定人的资质证明，并且签名或盖章 （3）多个鉴定人意见不一致的，应当在鉴定意见上写明分歧的内容和理由，并且分别签名或盖章
鉴定程序	（1）对经审查作为证据使用的鉴定意见，侦查机关应当及时告知犯罪嫌疑人、被害人或其法定代理人 （2）犯罪嫌疑人、被害人有异议的，或侦查部门、侦查人员对鉴定意见有疑义的，可以将鉴定意见送交其他有专门知识的人员提出意见。必要时，应当询问鉴定人并制作笔录附卷 （3）犯罪嫌疑人、被害人或被害人的法定代理人、近亲属、诉讼代理人提出申请的，可以补充鉴定或重新鉴定，鉴定费用由请求方承担，但原鉴定违反法定程序的，由检察院承担 （4）犯罪嫌疑人的辩护人或近亲属以犯罪嫌疑人可能患有精神病而申请对犯罪嫌疑人进行鉴定的，鉴定费用由请求方承担

考点7：辨认 ★★★

主持人	侦查人员2人以上
辨认主体	被害人、证人、犯罪嫌疑人
辨认对象	（1）与犯罪有关的物品、文件、尸体、场所 （2）犯罪嫌疑人
混杂原则	（1）**陪衬物数量要求**： ①公安机关：7人（10照片）／5物 ②检察机关：7人（10照片）／5物（5照片） （2）**陪衬物不受数量限制的情形**： ①对场所、尸体等特定辨认对象进行辨认 ②辨认人能够准确描述物品独有特征的
程序要求	（1）**防止预断**：在辨认前，禁止辨认人见到被辨认对象 （2）**单独原则**：几名辨认人对同一被辨认对象进行辨认时，应单独进行 【直接排除】主持、见到、个别、混杂、数量、暗示 （3）**保密原则**：对犯罪嫌疑人的辨认，辨认人不愿公开进行的，可以在不暴露辨认人的情况下进行 （4）**见证人**：可以有见证人在场 （5）**辨认笔录**：应当制作笔录，由侦查人员、辨认人、见证人签名 （6）**录音、录像**：对辨认对象应当拍照，必要时可以对辨认过程录音、录像

考点8：特殊侦查措施 ★

	技术侦查
适用情形	（1）**公安机关**： ①危害**国家**安全犯罪 ②**恐**怖活动犯罪 ③**黑**社会性质的组织犯罪 ④重大**毒**品犯罪 ⑤其他严重危害社会的犯罪 （2）**检察机关**：利用职权实施的严重侵犯公民人身权利的重大犯罪案件 （3）**追捕在逃被追诉人**：追捕被通缉或批准、决定逮捕的在逃的被追诉人，经过批准，可以采取追捕所必需的技术侦查措施 【总结】技术侦查的对象 公安机关："国""恐""黑""毒"＋追捕在逃犯 检察机关：利用职权侵犯公民人身权利的重大犯罪＋追捕在逃犯
适用对象	被追诉人、与犯罪活动直接关联的人员
适用主体	（1）**决定主体**：公安机关、检察机关 （2）**执行主体**：公安机关 【注意】对技术侦查，检察院只有权决定，无权执行

（续）

批准决定	（1）**批准主体：设区的市一级**以上公安机关负责人 （2）**种类与对象**：批准决定应当根据侦查犯罪的需要，确定采取技术侦查措施的种类和适用对象 （3）**期限**：批准决定自签发之日起 **3 个月**内有效 对于不需要继续采取技术侦查措施的，应当及时解除 （4）**期限的延长**：期限届满仍有必要继续采取技术侦查措施的，经过批准，有效期可以延长，每次不得超过 **3 个月**
程序要求	（1）采取技术侦查措施，必须严格按照批准的措施种类、适用对象和期限执行 （2）侦查人员对采取技术侦查措施过程中知悉的国家秘密、商业秘密和个人隐私，应当保密 （3）对采取技术侦查措施获取的与案件无关的材料，应当及时销毁 （4）采取技术侦查措施获取的材料，只能用于对犯罪的侦查、起诉和审判，不得用于其他用途 （5）公安机关采取技术侦查措施，有关单位和个人应当配合，并对有关情况予以保密
技侦证据的调查与使用	如果使用技侦证据可能危及有关人员的人身安全，或可能产生其他严重后果的，应当采取不暴露有关人员身份、技术方法等保护措施，**必要的时候**，可以由审判人员**在庭外对证据进行核实**

秘密侦查

（1）为了查明案情，在必要的时候，经**公安机关**（县级以上）**负责人**决定，可以由有关人员隐匿其身份实施侦查
（2）采取秘密侦查措施必须是基于侦查的必要性
（3）采取秘密侦查措施必须经公安机关负责人决定，并由侦查人员或**公安机关指定的其他人员**实施
（4）进行秘密侦查不得诱使他人犯罪，不得采用可能危害公共安全或发生重大人身危险的方法
（禁止"犯意诱发型"，允许"机会提供型"）

控制下交付

对涉及给付**毒品等违禁品或财物**的犯罪活动，公安机关根据侦查犯罪的需要，可以实施控制下交付

考点 9：通缉 ★★

适用对象	（1）已批准或决定逮捕而在逃和在采取取保候审、监视居住期间逃跑的犯罪嫌疑人 （2）已决定拘留而在逃的重大嫌疑分子 （3）从羁押场所逃跑的犯罪嫌疑人 （4）在讯问或在押解期间逃跑的犯罪嫌疑人 （5）越狱逃跑的被告人或罪犯 【总结】应羁押而在逃的人
适用主体	（1）**决定主体**：公安机关、检察机关 （2）**执行主体**：公安机关
通缉令发布区域	（1）各级公安机关在自己管辖的地区以内，可以直接发布通缉令 （2）超出自己管辖的地区，应当报请有权决定的上级机关发布
悬赏与补发	（1）必要时，经县级以上公安机关负责人批准，可以发布悬赏通告 （2）通缉令发出后，如果发现新的重要情况，发布通缉令的公安机关可以补发通报

考点 10：侦查终结 ★★★

条件	（1）犯罪事实已查清；（2）证据确实充分；（3）法律手续完备
案件处理	（1）应当追究刑事责任： ①制作起诉意见书，连同案卷材料、证据一并移送同级检察院 ②将案件移送情况告知犯罪嫌疑人及其辩护律师 （2）不应追究刑事责任： ①决定撤销案件 ②犯罪嫌疑人被逮捕的，应当立即释放，发给释放证明，并通知批准逮捕的检察院
听取辩护律师意见	（1）在案件侦查终结前，辩护律师提出要求的，侦查机关应当听取辩护律师意见，并记录在案 （2）辩护律师提出书面意见的，应当附卷

考点 11：侦查羁押期限 ★★★

期限	情形	批准机关
2个月	一般情况	—
+1	案情复杂	上一级检察院
+2	交通不便，集团犯罪，流窜作案，涉及面广（"交""集""流""广"）	省级检察院
+2	10年以上	省级检察院
+X（无限延长）	特殊原因，较长时间内不宜交付案判	最高检报全国人大常委会
提请延长羁押期限的程序	（1）公安机关提请延长羁押期限的，应当在羁押期限届满7日前提出，并书面呈报主要案情和具体理由 （2）检察院审查延长侦查羁押期限、审查重新计算侦查羁押期限案件，可以讯问犯罪嫌疑人，听取律师意见，调取案卷及相关材料等 （3）检察院应当在羁押期限届满前作出决定	
羁押期限的特殊计算	（1）重新计算：在侦查期间，发现犯罪嫌疑人另有重要罪行的，应当自发现之日起重新计算侦查羁押期限 【注意】 公安机关重新计算侦查羁押期限，无须检察机关批准，但应报批准逮捕的检察院备案 "另有重要罪行"，是指与逮捕时的罪行不同种的重大犯罪，或者同种的影响罪名认定、量刑档次的重大犯罪 （2）查清起算：犯罪嫌疑人不讲真实姓名、住址，身份不明的，应当对其身份进行调查，侦查羁押期限自查清其身份之日起计算，但是不得停止对其犯罪行为的侦查取证 对于犯罪事实清楚，证据确实、充分，确实无法查明其身份的，也可以按其自报的姓名起诉、审判	

考点 12：补充侦查 ★ ★ ★

审查逮捕阶段	对于不批准逮捕的，检察院应当说明理由，需要补充侦查的，应当同时通知公安机关 【注意】审查逮捕阶段的补充侦查只能由公安机关进行
审查起诉阶段	（1）**补侦主体**：检察院审查案件，对于需要补充侦查的，可以退回公安机关补充侦查／退回监察机关补充调查，也可以自行侦查 （2）**补侦期限**：对于退回补充侦查的案件，应当在 1 个月内补充侦查完毕 【注意】检察院自行侦查，没有期限 （3）**补侦次数**：补充侦查以 2 次为限 （4）**补侦后果**： ①补充侦查完毕移送检察院后，检察院重新计算审查起诉期限 ②对于二次补充侦查的案件，检察院仍然认为证据不足，不符合起诉条件的，应当作出不起诉的决定 【总结】一次补侦，证据不足，可以不起诉；二次补侦，证据不足，应当不起诉
审判阶段	（1）**补侦主体**：只能是检察机关。检察院应当自行收集证据、进行侦查，必要时可以要求侦查机关**协助** 审判期间，被告人提出新的立功线索的，法院可以建议检察院补充侦查 （2）**补侦期限**：1 个月 （3）**补侦次数**：2 次 （4）**补侦后果**： ①补充侦查完毕移送法院后，重新计算审理期限 ②补充侦查期限届满后，检察院未将补充的证据材料移送法院的，法院可以根据在案证据作出裁判 ③补充侦查期限届满后，经法庭通知，检察院未将补充侦查时退回的案卷移送法院，或拒不派员出席法庭的，法院可以决定按检察院撤诉处理

考点 13：侦查阶段的认罪认罚从宽制度 ★ ★

权利告知	（1）公安机关在侦查过程中，应当告知犯罪嫌疑人享有的诉讼权利、如实供述罪行可以从宽处理和认罪认罚的法律规定，听取犯罪嫌疑人及其辩护人或值班律师的意见，记录在案并随案移送 （2）对在非讯问时间、办案人员不在场情况下，犯罪嫌疑人向看守所工作人员或辩护人、值班律师表示愿意认罪认罚的，有关人员应当及时告知办案单位
引导认罪	（1）公安机关在侦查阶段应当同步开展认罪教育工作，但不得强迫犯罪嫌疑人认罪，**不得作出具体的从宽承诺** （2）犯罪嫌疑人自愿认罪，愿意接受司法机关处罚的，应当记录在案并附卷
起诉意见	（1）对移送审查起诉的案件，公安机关应当在起诉意见书中写明犯罪嫌疑人自愿认罪认罚情况 【注意】在侦查阶段，犯罪嫌疑人初步表示认罪认罚意愿，即可适用认罪认罚从宽制度 （2）对可能适用速裁程序的案件，公安机关应当快速办理，对犯罪嫌疑人未被羁押的，可以集中移送审查起诉，但不得为集中移送拖延案件办理

考点 14：检察机关介入侦查／调查活动 ★★

介入侦查	经公安机关商请或检察院认为确有必要时，可以派员适时介入重大、疑难、复杂案件的侦查活动，参加公安机关对于重大案件的讨论，对案件性质、收集证据、适用法律等提出意见，监督侦查活动是否合法
介入调查	经监察机关商请，检察院可以派员介入监察机关办理的职务犯罪案件
【注意】检察院可以主动介入公安机关的侦查活动，不得主动介入监察机关的调查活动，检察院亦不得"申请"介入监察机关的调查活动	

考点 15：侦查的法律控制 ★★

法律控制的意义	（1）侦查活动涉及公民宪法权益，有必要进行合理控制 （2）侦查的目的是查明案件事实，为将犯罪嫌疑人交付审判做好准备工作。因此，侦查权的运行应主动适应司法的要求，司法权也应介入侦查程序，对侦查行为进行适当约束，防止侦查权滥用，保护公民基本权益 【总结】司法控制＋保障人权
侦查活动存在的主要问题	（1）侦查手段滥用 （2）对侦查违法缺乏制裁
控制路径	（1）对搜查、查封等强制性侦查措施进行事前审查 （2）对侦查违法行为进行事后审查

第十二章　起诉

考点 1：刑事起诉理论 ★★★

刑事起诉权分割模式	（1）**公诉独占主义**：国家垄断公诉权 （2）**公诉兼自诉**：严重犯罪案件的起诉权由检察机关代表国家行使，轻微犯罪案件允许公民自诉 我国实行**公诉为主、自诉为辅**的犯罪追诉机制
起诉原则	（1）**起诉法定主义**：一旦符合法定起诉条件，即应当起诉，公诉机关无起诉裁量权 （2）**起诉便宜主义**：犯罪嫌疑人符合起诉条件时，是否起诉，由检察官根据公共利益、案件具体情况、刑事政策等因素裁量决定 我国采行**起诉法定主义为主、兼采起诉便宜主义**的起诉原则

考点 2：审查起诉 ★★★★

受理后 的初审	（1）**初审期限**：检察院对于公安机关、监察机关移送审查起诉的案件，应当在 7 日内进行审查 初审的期限计入审查起诉期限 （2）**初审内容**： ①起诉意见书、案卷材料是否齐备 ②案卷装订、移送是否符合有关要求与规定 ③诉讼文书、技术性鉴定材料是否装订成卷 ④移送的实物与物品清单是否相符 ⑤对作为证据使用的实物是否随案移送 ⑥犯罪嫌疑人是否在案及采取强制措施的情况 ⑦是否属于本院管辖 【总结】检察院受理后的初审属于程序性审查 （3）**初审后的处理**： ①符合受理条件的，正式受理，并登记 ②案卷装订不符合要求的，要求侦查机关重新装订后移送 ③材料不齐备或未移送的，要求侦查机关在 3 日内补送 ④犯罪嫌疑人在逃的，应当要求公安机关在采取必要措施保证犯罪嫌疑人到案后移送审查起诉 共同犯罪的部分犯罪嫌疑人在逃的，应当要求公安机关在采取必要措施保证在逃的犯罪嫌疑人到案后，另案移送审查起诉，对在案犯罪嫌疑人的审查起诉照常进行 ⑤不属于本院管辖的，应当移送给有管辖权的检察院（注意：不得退回公安机关），同时通知移送审查起诉的公安机关 a. 上级管辖——直接移送 b. 同级管辖——直接移送或报共同上级检察院指定管辖 c. 下级管辖——可移可不移
与留置措施 的衔接	（1）对于监察机关移送起诉的已采取留置措施的案件，检察院**应当**对犯罪嫌疑人**先行拘留**，留置措施**自动解除** 【注意】检察院对犯罪嫌疑人先行拘留后，无须通知监察机关解除留置措施 （2）检察院应当在拘留后的 10 日内作出是否逮捕、取保候审或监视居住的决定。 在特殊情况下，决定的时间可以延长 1—4 日（10 + 4） （3）检察院决定采取强制措施的期间**不计入**审查起诉期限
审查起诉的 内容	（1）犯罪事实、情节是否清楚，证据是否确实、充分，犯罪性质和罪名的认定是否正确 （2）有无遗漏罪行和其他应当追究刑事责任的人 【漏罪漏人的处理】检察院在办理公安机关移送起诉的案件中，发现遗漏罪行或有应当移送审查起诉的同案犯罪嫌疑人未移送起诉的，应当**要求**公安机关补充侦查或补充移送起诉；对于犯罪事实清楚，证据确实、充分的，检察院也可以直接提起公诉（径行起诉） （3）是否属于不应追究刑事责任的 （4）有无附带民事诉讼 （5）侦查活动是否合法 【总结】全面审查

（续）

审查的方法	（1）**应当**讯问犯罪嫌疑人 （2）**应当**听取辩护人或值班律师意见 （3）**应当**听取被害人及其诉讼代理人意见
认罪认罚案件的审查起诉	（1）**听取意见**：犯罪嫌疑人认罪认罚的，检察院应当告知其享有的诉讼权利和认罪认罚的法律规定，听取犯罪嫌疑人、辩护人或值班律师、被害人及其诉讼代理人对下列事项的意见，并记录在案： ①涉嫌的犯罪事实、罪名及适用的法律规定 ②从轻、减轻或免除处罚等从宽处罚的建议 ③认罪认罚后案件审理适用的程序 ④其他需要听取意见的事项 【总结】定罪问题、量刑问题、程序选择 辩护人或值班律师、被害人及其诉讼代理人提出口头意见，应记录在案；提出书面意见的，应记录在案并附卷 检察院对认罪认罚案件听取值班律师意见的，应当提前为值班律师了解案件有关情况提供必要的便利 （2）**自愿性、合法性审查**：对侦查阶段认罪认罚的案件，检察院应当重点审查以下内容： ①犯罪嫌疑人是否自愿认罪认罚，有无因受到暴力、威胁、引诱而违背意愿认罪认罚 ②犯罪嫌疑人认罪认罚时的认知能力和精神状态是否正常 ③犯罪嫌疑人是否理解认罪认罚的性质和可能导致的法律后果 ④侦查机关是否告知犯罪嫌疑人享有的诉讼权利，如实供述自己罪行可以从宽处理和认罪认罚的法律规定，并听取意见 ⑤起诉意见书中是否写明犯罪嫌疑人认罪认罚情况 ⑥犯罪嫌疑人是否真诚悔罪，是否向被害人赔礼道歉 经审查，犯罪嫌疑人违背意愿认罪认罚的，检察院可以重新开展认罪认罚工作 （3）**签署认罪认罚具结书**： ①律师在场：犯罪嫌疑人自愿认罪，同意量刑建议和程序适用的，应当在**法定代理人、辩护人或值班律师**在场的情况下签署认罪认罚具结书

（续）

认罪认罚案件的审查起诉	法定代理人无法到场的，合适成年人应当到场签字确认 【注意】犯罪嫌疑人有辩护人的，应当由辩护人在场见证具结 ②具结书内容：具结书应当包括犯罪嫌疑人如实供述罪行、同意量刑建议、程序适用等内容，由犯罪嫌疑人、辩护人或值班律师签名 ③可以不签署认罪认罚具结书的情形： a.犯罪嫌疑人是盲、聋、哑人，或是尚未完全丧失辨认或控制自己行为能力的精神病人的 b.未成年犯罪嫌疑人的法定代理人、辩护人对未成年人认罪认罚有异议的 c.其他不需要签署认罪认罚具结书的情形 【总结】盲聋哑、精神病、（未成年人的法定代理人、辩护人）有异议
侦查监督	（1）检察院审查案件，可以要求公安机关提供法庭审判所必需的证据材料；认为可能存在以非法方法收集证据情形的，可以要求公安机关对证据收集的合法性作出说明 （2）发现侦查人员以非法方法收集证据材料的，应当排除非法证据并提出纠正意见，同时可以要求侦查机关另行指派侦查人员重新调查取证，必要时检察院也可以自行调查取证 （3）发现犯罪并非犯罪嫌疑人所为：对于犯罪并非犯罪嫌疑人所为，需要重新侦查的，应当在作出不起诉决定后书面说明理由，将案卷材料退回公安机关并建议公安机关重新侦查
补充侦查	（1）补侦情形：①事实不清、证据不足；②遗漏罪行；③遗漏犯罪嫌疑人 【总结】证据不足＋漏罪漏人 （2）补侦方式： ①退回公安机关补充侦查（主要犯罪事实未查清，需要采取技术性较强的侦查措施） ②检察机关自行侦查（非主要犯罪事实未查清，在事实与证据认定上与公安机关存在较大分歧） 【注意】检察院在审查起诉中决定自行侦查的，应当在审查起诉期限内侦查完毕 （3）补侦期限：1个月 （4）补侦次数：2次 （5）改变管辖后的补侦： ①在审查起诉期间改变管辖的，改变后的检察院认为需要补充侦查的，可以通过原受案检察院退回原侦查的公安机关补充侦查（原路返回），亦可自行侦查 ②改变管辖前后补充侦查的总次数不得超过2次 （6）补充侦查后的不起诉：对于二次补充侦查的案件，检察院仍然认为证据不足，不符合起诉条件的，应当作出不起诉的决定 【总结】 一次补侦，证据不足，可以不起诉，也可以二次补侦 二次补侦，证据不足，应当不起诉 （7）二次补侦后又发现新罪：检察院对已经退回侦查机关二次补充侦查的案件，在审查起诉中又发现新的犯罪事实的，应当移送侦查机关立案侦查；对已经查清的犯罪事实，应当依法提起公诉

（续）

审查起诉的期限	（1）**一般案件**：检察院对于公安机关、监察机关移送起诉的案件，应当在1个月内作出决定。重大、复杂的案件，经检察长批准，可以延长15日（1个月＋15日） （2）**速裁案件**：犯罪嫌疑人认罪认罚，符合速裁程序适用条件的，应当在10日内作出决定，对可能判处的有期徒刑超过一年的，可以延长至15日 【总结】一年以下：10日；超过一年：15日 （3）**期限的重新计算**： ①改变管辖：改变管辖的，从改变后的检察院**收到案件之日起**计算审查起诉期限 ②补充侦查：补充侦查完毕**移送检察院后**（注意：不是补充侦查完毕之后），检察院重新计算审查起诉期限
审查的结果	（1）提起公诉：同时考虑是否提起附带民事诉讼、附带民事公益诉讼① （2）不起诉

考点3：提起公诉★★★

提起公诉的条件	（1）犯罪嫌疑人的犯罪事实已经查清 （2）证据确实、充分 （3）依法应当追究刑事责任
移送法院的材料	（1）案卷材料 （2）证据材料：包括犯罪嫌疑人翻供、证人改变证言以及其他对犯罪嫌疑人有利的证据材料
量刑建议	（1）检察院对提起公诉的案件，**可以**向法院提出量刑建议，制作量刑建议书，与起诉书一并移送法院 （2）犯罪嫌疑人认罪认罚的，检察院**应当**就主刑、附加刑、是否适用缓刑等提出量刑建议，并随案移送认罪认罚具结书等材料： ①建议判处附加刑的，应当提出附加刑的类型 ②建议判处罚金刑的，应当提出确定的数额 ③建议适用缓刑的，应当明确提出 （3）量刑建议可以另行制作文书，也可以在起诉书中写明 （4）量刑建议书的主要内容应当包括被告人所犯罪行的法定刑、量刑情节、检察院建议法院对被告人处以刑罚的种类、刑罚幅度、可以适用的刑罚执行方式以及提出量刑建议的依据和理由等 （5）检察院**一般应当**提出**确定刑**量刑建议。对新类型、不常见犯罪案件，量刑情节复杂的重罪案件等，也可以提出幅度刑量刑建议 （6）检察院办理认罪认罚案件提出量刑建议，应当听取被害人及其诉讼代理人的意见，并将犯罪嫌疑人是否与被害方达成调解协议、和解协议或者赔偿被害方损失，取得被害方谅解，是否自愿承担公益损害修复及赔偿责任等，作为从宽处罚的重要考虑因素 （7）检察院办理认罪认罚案件提出量刑建议，应当对听取意见情况进行**同步录音录像** （8）被追诉人在侦查阶段认罪认罚的，主刑从宽的幅度可以适当放宽；在审判阶段认罪认罚的，可以适当缩减 （9）除有减轻处罚或免除处罚情节外，量刑建议应当在法定量刑幅度内提出

---

① 附带民事公益诉讼对象：破坏生态环境和资源保护，食品药品安全领域侵害众多消费者合法权益，侵害英雄烈士的姓名、肖像、名誉、荣誉等损害社会公共利益的行为。

（续）

量刑建议	【总结】 ①量刑建议的提出：不认罪认罚案件——“可以”提；认罪认罚案件——“应当”提 ②量刑建议的内容：主刑、附加刑、是否适用缓刑 ③量刑建议的方法：一般应当提确定刑；罚金刑应当提确定刑 ④从宽幅度的考量：认罪认罚阶段越早，从宽幅度越大
程序建议	检察院在提起公诉的时候，可以建议法院适用简易程序或速裁程序

考点4：不起诉★★★★

法定不起诉 （绝对不起诉）	适用对象：没有犯罪事实、具有《刑事诉讼法》第16条规定情形之一 【程序倒流】对于公安机关移送审查起诉的案件，发现犯罪事实并非犯罪嫌疑人所为，需要重新侦查的，检察院应当在作出不起诉决定后书面说明理由，将案卷材料退回公安机关，并建议公安机关重新侦查
证据不足 不起诉 （存疑不起诉）	适用对象：现有证据未达到“案件事实清楚，证据确实、充分”的提起公诉证明标准 【再次追诉】检察院作出证据不足不起诉决定后，发现新的证据，符合起诉条件的，可以提起公诉
酌定不起诉 （相对不起诉）	适用对象：犯罪情节轻微，依照刑法规定不需要判处刑罚或免除刑罚 ①犯罪嫌疑人在中国领域外犯罪，依照我国刑法规定应当负刑事责任，但在外国已经受过刑罚处罚的 ②犯罪嫌疑人又聋又哑，或是盲人犯罪的 ③犯罪嫌疑人因防卫过当或紧急避险超过必要限度，并造成不应有危害而犯罪的 ④为犯罪准备工具、制造条件的 ⑤在犯罪过程中自动中止或自动有效地防止犯罪结果发生的 ⑥在共同犯罪中，起次要或辅助作用的 ⑦被胁迫、被诱骗参加犯罪的 ⑧犯罪嫌疑人自首或在自首后有立功表现的 ⑨刑事和解不起诉：双方当事人达成和解协议，符合法律规定不起诉条件的 【注意】酌定不起诉的前提是检察机关认为犯罪嫌疑人已经构成犯罪，并符合起诉条件

（续）

不起诉的程序	（1）决定主体：检察长、检察委员会 【注意】检察院自侦案件与监察机关移送起诉的案件，拟作不起诉决定的，应当报请上一级检察院批准 （2）不起诉决定的宣布：检察院决定不起诉的，应当公开宣布，并制作不起诉决定书 不起诉决定书自宣布之日起生效 （3）不起诉决定书的送达对象： ①被不起诉人、辩护人、被不起诉人所在单位 ②被害人或其近亲属、诉讼代理人 ③公安机关（对于公安机关移送审查起诉的案件） （4）对不起诉决定的救济： ①被不起诉人：向作出酌定不起诉决定的检察院申诉 ②被害人：向上一级检察院申诉，对申诉结果不服的，可以提起自诉；亦可不经申诉，直接自诉（申诉+自诉） ③公安机关：向作出不起诉决定的检察院复议，如果意见不被接受，可向上一级检察院提请复核 ④监察机关：向上一级检察院提请复议

考点5：特殊案件的撤案与不起诉 ★★

适用条件	（1）自愿如实供述； （2）重大立功或涉及国家重大利益
适用程序	经最高人民检察院核准
处理方式	（1）公安机关可以撤销案件 对犯罪嫌疑人自愿如实供述涉嫌犯罪的事实，有重大立功或涉及国家重大利益，需要撤销案件的，应当层报公安部，由公安部商请最高人民检察院核准后撤销案件 （2）检察院可以作出不起诉决定，或对涉嫌数罪中的一项或多项不起诉 检察院、公安机关应当及时对查封、扣押、冻结的财物及其孳息作出处理

第十三章 刑事审判概述

扫描右侧二维码"听课 + 做题",直达最佳学习效果

1. 在线听课：学习本章节核心考点讲解课程。

2. 在线刷题：点击🏠进入题库做章节练习。

考点 1：刑事审判的特征★★

①被动性；②独立性；③中立性；④职权性；⑤程序性；⑥亲历性；⑦公开性；⑧公正性；⑨终局性

考点 2：刑事审判的原则★★★

审判公开原则	（1）以公开审理为原则，不公开审理为例外 （2）**不公开审理的情形：** ①有关国家秘密 ②有关个人隐私 ③涉及商业秘密，当事人申请不公开（可以不公开） ④**审判时**被告人不满 18 周岁 （3）**公开审理的程序要求：** 公开审理的案件，应当在开庭 3 日以前公布案由、被告人姓名、开庭的时间与地点 （4）**不公开审理的程序要求：** ①不公开审理的案件，应当当庭宣布不公开审理的理由 ②不公开审理的案件，任何人不得旁听，但经未成年被告人及其法定代理人同意，未成年被告人所在学校和未成年人保护组织可以派代表到场 ③对于依法应当公开审理，但可能要封存犯罪记录的未成年人案件，不得组织人员旁听（犯罪记录封存：犯罪时不满 18 周岁 + 被判处 5 年有期徒刑以下刑罚） （5）**公开审理转为不公开审理：** 公开审理案件时，公诉人、诉讼参与人提出涉及国家秘密、商业秘密或个人隐私的证据的，法庭应当制止。有关证据确与本案有关的，可以根据具体情况，决定将案件转为不公开审理，或对相关证据的法庭调查不公开进行

（续）

直接言词原则	**含义**：直接言词原则包括**直接原则**与**言词原则** （1）**直接原则**：**法官必须与诉讼参与人直接在法庭上接触，直接审查案件事实和证据材料** ①直接审理原则：又称在场原则，指审理案件时，公诉人、当事人及其他诉讼参与人应当在场，否则不得进行法庭审理（法律另有规定的除外） ②直接采证原则：法官对证据的调查必须亲自进行，不得由他人代为实施，不得以书面审查方式采信证据 【总结】直接接触＋直接采证 （2）**言词原则**：法庭审理必须以口头陈述的方式进行。未经口头调查的证据不得作为定案的依据（法律另有规定的除外）
集中审理原则	（1）**含义**：又称为不中断审理原则，指法院开庭审判案件，应当在不更换审判人员的条件下连续进行，不得中断审理 （2）**要求**： ①每起案件自始至终都由同一法庭审判 ②法庭成员不得更换 ③集中证据调查与法庭辩论 ④庭审不中断并迅速作出裁判 【总结】不换人，不中断
辩论原则	（1）辩论的主体是控辩双方和其他当事人 （2）辩论的内容是证据问题、事实问题和法律适用问题 （3）法院裁判的作出应当以充分的辩论为必经程序 【比较】辩论原则是适用于审判阶段的一项审判原则，而辩护原则是贯穿于刑事诉讼全过程的刑事诉讼的基本原则

考点3：两审终审制★★★

含义	（1）一起案件最多由两级法院裁判 （2）一审裁判不立即生效，经过上诉／抗诉期后无上诉、抗诉的，方才生效 （3）二审裁判**宣告之日**起即生效
例外	（1）最高法院一审 （2）死刑复核 （3）法定刑以下量刑

考点4：审判组织★★★

独任庭	适用范围	**基层法院**适用**简易**程序或**速裁**程序审理的案件程
	程序要求	（1）不能由人民陪审员担任审判员 （2）必须有书记员 （3）审判员认为有必要的，也可以提请院长决定将案件提交审判委员会讨论决定
	禁止情形	（1）二审发回重审的案件；（2）由原审法院再审的案件

（续）

合议庭	合议庭人数	一审	基层法院 中级法院	审判员：3 人 审判员＋陪审员：3 人、7 人 【注意】①不存在 5 人合议庭；②7 人合议庭必有陪审员；③7 人合议庭：审判员 3 人＋陪审员 4 人
			高级法院	审判员：3 人、5 人、7 人 审判员＋陪审员：3 人、7 人 【注意】5 人合议庭无陪审员
			最高法院	审判员：3 人、5 人、7 人 【注意】无陪审员
		二审	审判员：3 人、5 人	
		死刑复核	审判员：3 人	
		减刑、假释	审判员：3 人 审判员＋陪审员：3 人	
		发回重审、根据审判监督程序再审的案件，分别按一审、二审的合议庭组成规则确定合议庭人数		
	七人合议庭	《人民陪审员法》第 16 条规定，法院审判下列第一审案件，由人民陪审员和法官组成 7 人合议庭进行： ①可能判处 10 年以上有期徒刑、无期徒刑、死刑，社会影响重大的刑事案件 ②根据民事诉讼法、行政诉讼法提起的公益诉讼案件 ③涉及征地拆迁、生态环境保护、食品药品安全，社会影响重大的案件 ④其他社会影响重大的案件 【总结】10 年以上＋公益诉讼		
	审判长确定	（1）合议庭由审判员担任审判长 （2）院长或庭长参加审判案件的时候，由其本人担任审判长		
	集中审理	（1）合议庭组成人员确定后，除因回避或其他特殊情况，无法继续参加本案审理的之外，不得在案件审理过程中更换 （2）更换合议庭成员，应当报请院长或庭长决定		
	评议规则	（1）开庭审理与评议由同一合议庭进行 （2）合议庭成员地位与权责平等 【注意】人民陪审员不得担任审判长 （3）合议庭全体成员参加评议 （4）审判长发表最后评议意见 （5）实行"少数服从多数"的评议规则 【注意】少数意见应写入笔录 （6）评议情况应当保密 （7）审理并评议后作出判决		
审判委员会	组成人员	院长＋庭长＋资深审判员 【任免】各级法院的审判委员会委员，由院长提请本级人大常委会任免		

（续）

审判委员会	案件范围	（1）**应当**提交审委会： ①高级法院、中级法院拟判处死刑立即执行的案件，以及中级法院拟判处死刑缓期执行的案件（高院判处死刑立即执行＋中院判死刑） ②本院对生效裁判决定**再审**的案件 ③检察院依照审判监督程序提出**抗诉**的案件 【总结】死刑＋本院再审＋再审抗诉 【注意】排除了高级法院判处死缓的情形 （2）**可以**提交审委会： ①合议庭成员意见有重大分歧的案件 ②新类型案件 ③社会影响重大的案件 ④其他疑难、复杂、重大的案件 独任审判的案件，审判员认为有必要的，可以提请院长决定提交审判委员会讨论决定
	提交方式	合议庭提请院长决定提交审判委员会讨论决定 对提请院长决定提交审判委员会讨论决定的案件，院长认为不必要的，可以建议合议庭复议一次
	评议程序	委员依次独立发表意见并说明理由，主持人最后发表意见
	效力与救济	审判委员会的决定，合议庭、独任审判员**应当执行** 有不同意见的，可以建议院长提交审判委员会**复议**

考点5：人民陪审员制度★★★

任职条件	积极条件	（1）拥护宪法 （2）年满28周岁 （3）遵纪守法，品行良好，公道正派 （4）具备履职的身体条件 （5）一般应具有高中以上文化程度 【总结】年满28周岁＋身体健康＋高中以上
	消极条件	（1）**身份禁止**： ①**人**民代表大会常务委员会的组成人员，**监察委**、**公检法**、**国**家安全机关、**司**法行政机关的工作人员 ②**律**师、**公**证员、**仲**裁员、**基**层法律服务工作者 ③其他因职务原因不适宜担任陪审员的人员 【总结】"人""监""公检法""国""司"＋"律""公""仲""基" （2）**行为禁止**： ①受过刑事处罚的 ②被开除公职的 ③被吊销律师、公证员执业证书的 ④被纳入失信被执行人名单的 ⑤因受惩戒被免除陪审员职务的 【总结】刑罚、开除、吊销、失信、免职

（续）

适用范围	**审级**	一审合议庭（最高法一审除外） 【注意】减刑、假释也可以由陪审员组成合议庭
	案件范围	（1）一般情形： ①涉及群体利益、公共利益的 ②人民群众广泛关注的或其他社会影响较大的 ③案情复杂或有其他情形，需要由人民陪审员参加审判 【总结】群体利益、公共利益、广泛关注、影响较大、案情复杂 （2）七人合议庭
	禁止范围	（1）人民陪审员不参加下列案件的审理： ①依照民事诉讼法适用特别程序、督促程序、公示催告程序审理的案件 ②申请承认外国法院离婚判决的案件 ③裁定不予受理或不需要开庭审理的案件 （2）人民陪审员不得参与审理由其以人民调解员身份先行调解的案件
任免程序	**任命**	（1）推荐（所在单位或户籍地的基层组织推荐）或申请（本人提出申请） （2）基层法院提请同级人大常委会任命
	任期	5年；一般不得连任
	免除	在基层法院院长提请同级人大常委会免除
抽选方式	**基层法院**	在人民陪审员名单中随机抽取 【注意】法院不得"指派"陪审员参加合议庭
	中院、高院	在辖区内的基层法院人民陪审员名单中随机抽取
裁判参与	**法官指引**	（1）审判长应当履行与案件审判相关的指引、提示义务，但不得妨碍人民陪审员对案件的独立判断 （2）合议庭评议案件时，先由承办法官介绍案件涉及的相关法律、证据规则，然后由人民陪审员和法官依次发表意见，审判长最后发表意见并总结合议庭意见 （3）七人合议庭评议时，审判长应当归纳和介绍需要通过评议讨论决定的案件事实认定问题，并列出案件事实问题清单
	陪审员权利	（1）除不得担任审判长外，与法官享有同等权利 （2）评议、表决权： ①人民陪审员参加3人合议庭审判案件，对事实认定、法律适用，独立发表意见，行使表决权 ②人民陪审员参加7人合议庭审判案件，对事实认定，独立发表意见，并与法官共同表决；对法律适用，可以发表意见，但不参加表决 【注意】事实认定问题和法律适用问题难以区分的，视为事实认定问题 （3）可以要求合议庭将案件提请院长决定是否提交审判委员会讨论决定

第十四章　第一审程序

扫描右侧二维码"听课＋做题"，直达最佳学习效果
1. 在线听课：学习本章节核心考点讲解课程。
2. 在线刷题：点击 🏠 进入题库做章节练习。

考点1：对公诉案件的庭前审查★★★★

审查内容	全部案卷材料 《刑诉解释》第73条：对提起公诉的案件，法院应当审查证明被告人有罪、无罪、罪重、罪轻的证据材料是否全部随案移送；未随案移送的，应当通知检察院在指定时间内移送。检察院未移送的，法院应当根据在案证据对案件事实作出认定
审查形式	程序性审查：法院对提起公诉的案件进行审查后，对于起诉书中有明确的指控犯罪事实的，应当决定开庭审判 【注意】法院在庭前审查过程中，如认为"案件事实清楚，证据确实、充分"或"情节显著轻微"，则违反了"程序性审查"的要求
审查后的 处理方式	（1）不属于本院管辖的，应当退回检察院 （2）属于《刑事诉讼法》第16条第（2）～（6）项规定情形的，应当退回检察院 属于告诉才处理的案件，应当退回检察院，同时告知被害人有权提起自诉 （3）被告人不在案的，应当退回检察院 （4）需要补充材料的，应当通知检察院在3日内补送 （5）因证据不足宣告被告人无罪后，检察院根据新的事实、证据重新起诉的，应当受理 （6）裁定准许撤诉的案件，没有新的事实、证据，重新起诉的，应当退回检察院 （7）被告人真实身份不明，但犯罪事实清楚，证据确实、充分，检察机关按其自报的姓名起诉的，应当依法受理 【总结】庭前审查退回检察院的七种情形：①告诉才处理（同时告知被害人有权提起自诉）；②无管辖权；③被告人不在案；④撤回起诉后无新事实证据再次起诉；⑤犯罪已过追诉时效期限；⑥经特赦令免除刑罚；⑦被告人死亡
审查期限	对公诉案件是否受理，应当在7日内审查完毕 庭前审查的期间计入审理期限

考点 2：开庭前的准备 ★★★

<table>
<tr><td rowspan="3">常规庭前准备活动</td><td>开庭 10 日前</td><td>将起诉书副本送达被告人、辩护人</td></tr>
<tr><td>开庭 5 日前</td><td>证据开示：通知当事人、法定代理人、辩护人、诉讼代理人提供证人、鉴定人名单，以及拟当庭出示的证据</td></tr>
<tr><td>开庭 3 日前</td><td>（1）将开庭的时间、地点通知检察院
（2）将传唤当事人的传票和通知辩护人、诉讼代理人、法定代理人、证人、鉴定人等诉讼参与人出庭的通知书送达（当事人———传票；其他诉讼参与人———通知书）
通知有关人员出庭，可以采取电话、短信、传真、电子邮件、即时通讯等能够确认对方收悉的方式；对被害人人数众多的涉众型犯罪案件，可以通过互联网公布相关文书，通知有关人员出庭
（3）公开审理的案件，公布案由、被告人姓名、开庭时间和地点</td></tr>
<tr><td rowspan="3">庭前会议</td><td>适用情形</td><td>案件具有下列情形之一的，审判人员可以召开庭前会议：
①当事人及其辩护人、诉讼代理人申请排除非法证据的
②证据材料较多、案情重大复杂的
③社会影响重大的
④需要召开庭前会议的其他情形
【总结】"排非"、复杂、重大
召开庭前会议，可以通知被告人参加</td></tr>
<tr><td>解决事项</td><td>（1）是否对案件管辖有异议
（2）是否申请有关人员回避
（3）是否申请调取在侦查、审查起诉期间公安机关、检察院收集但未随案移送的证明被告人无罪或罪轻的证据材料
（4）是否提供新的证据
（5）是否对出庭证人、鉴定人、有专门知识的人的名单有异议
（6）是否申请排除非法证据
（7）是否申请不公开审理
（8）与审判相关的其他问题
【总结】庭前会议只解决程序性事项，不得涉及事实与证据问题。因此，对于非法证据排除问题，庭前会议只能申请，不能排除</td></tr>
<tr><td>效力</td><td>（1）审判人员可以询问控辩双方对证据材料有无异议，对有异议的证据，应当在庭审时重点调查；无异议的，庭审时举证、质证可以简化
（2）被害人或其法定代理人、近亲属提起附带民事诉讼的，可以调解
（3）对可能导致庭审中断的程序性事项，法院可以在庭前会议后依法作出处理，并在庭审中说明处理决定和理由。控辩双方没有新的理由，在庭审中再次提出有关申请或异议的，法庭可以在说明庭前会议情况和处理决定理由后，予以驳回
（4）庭前会议情况应当制作笔录</td></tr>
</table>

考点 3：法庭审判★★★★★（开庭—法庭调查—法庭辩论—被告人最后陈述—

评议、宣判）

开庭	庭前工作（书记员）	开庭审理前，**书记员**应当依次进行下列工作： ①受审判长委托，查明公诉人、当事人、辩护人、诉讼代理人、证人及其他诉讼参与人是否到庭 ②核实旁听人员中是否有证人、鉴定人、有专门知识的人 ③宣读法庭规则 ④请公诉人及相关诉讼参与人入庭 ⑤请审判长、审判员、人民陪审员入庭 ⑥审判人员就座后，向审判长报告开庭前的准备工作已经就绪
	宣布开庭（审判长）	**审判长**宣布开庭： ①查明当事人是否到庭 ②查明被告人情况 ③宣布案由 不公开审理的，应当宣布不公开审理的理由 ④宣布合议庭组成人员、书记员、公诉人与诉讼参与人名单 ⑤告知诉讼权利 被告人认罪认罚的，审判长应当告知被告人享有的诉讼权利和认罪认罚的法律规定，审查认罪认罚的自愿性和认罪认罚具结书内容的真实性、合法性
法庭调查	公诉人宣读起诉书	有附带民事诉讼的，先由公诉人宣读起诉书，再由附带民事诉讼原告人或其法定代理人、诉讼代理人宣读附带民事起诉状（先公后私） 公诉人宣读起诉书后，法庭应当宣布开庭审理前对证据收集合法性的审查及处理情况
	被害人陈述↓被告人陈述	先控后辩
	讯问/发问被告人、询问被害人	（1）审判人员可以讯问被告人；可以向被害人、附带民事诉讼当事人发问 （2）公诉人可以讯问被告人 （3）经审判长准许，控辩双方可以向被害人、附带民事诉讼原告人发问 （4）经审判长准许，其他诉讼参与人可以向被告人发问

（续）

法庭调查	有关人员出庭	（1）证人拒不出庭的后果： ①法院可以强制其到庭[①] 对被告人的配偶、父母、子女，不得强制到庭（注意：≠"近亲属"；≠"免证权"） ②证人没有正当理由拒绝出庭或出庭后拒绝作证的，予以训诫 ③情节严重的，经院长批准，处以 10 日以下的拘留 【总结】强制、训诫、拘留（强制、训诫———审判长决定；司法拘留———院长批准） 【复议】证人对拘留决定不服的，可以向上一级法院申请复议 （2）鉴定人拒不出庭的后果：鉴定意见不得作为定案的根据 （3）具有专门知识的人出庭： ①公诉人、当事人和辩护人、诉讼代理人可以申请法庭通知有专门知识的人出庭，就鉴定人作出的鉴定意见提出意见 【注意】法院不得主动通知有专门知识的人出庭———有专门知识的人出庭，只能依申请 ②申请有专门知识的人出庭，不得超过 2 人 有多种鉴定意见的，可以相应增加人数 ③有专门知识的人不得旁听对案件的审理 （4）调查／侦查人员等出庭：控辩双方对侦破经过、证据来源、证据真实性或合法性等有异议，申请调查人员、侦查人员或有关人员出庭，法院认为有必要的，应当通知调查人员、侦查人员或有关人员出庭
	有关人员出庭	（5）律师助理出庭：律师担任辩护人、诉讼代理人，经法院准许，可以带 1 名助理参加庭审。律师助理参加庭审的，可以从事辅助工作，但不得发表辩护、代理意见 【注意】此处"发表辩护、代理意见"是概称，包括申请回避、举证、质证、辩论以及发表辩护、代理意见等诉讼行为 （6）被害人推选代表人出庭：被害人人数众多，且案件不属于附带民事诉讼范围的，被害人可以推选若干代表人参加庭审 【注意】法院不得指定被害人的代表人出席
	举证质证规则	（1）对可能影响定罪量刑的关键证据和控辩双方存在争议的证据，一般应当单独举证、质证 （2）对控辩双方无异议的非关键证据，举证方可以仅就证据的名称及拟证明的事实作出说明 （3）召开庭前会议的案件，举证、质证可以按照庭前会议确定的方式进行 （4）法庭可以对控辩双方的举证、质证方式进行必要的指引
	庭外调查	（1）可依职权：合议庭对证据有疑问的，可以宣布休庭，对证据进行调查核实 （2）调查方式：勘验、检查、查封、扣押、鉴定、查询、冻结（注意：无搜查） （3）可以通知检察人员、辩护人、自诉人及其法定代理人到场

---

① 《刑诉解释》第 255 条规定，强制证人出庭的，应当由院长签发强制证人出庭令，由法警执行。必要时，可以商请公安机关协助。

（续）

法庭调查	**有关人员出庭**	（5）**律师助理出庭**：律师担任辩护人、诉讼代理人，经法院准许，可以带1名助理参加庭审。律师助理参加庭审的，可以从事辅助工作，但不得发表辩护、代理意见 【注意】此处"发表辩护、代理意见"是概称，包括申请回避、举证、质证、辩论以及发表辩护、代理意见等诉讼行为 （6）**被害人推选代表人出庭**：被害人人数众多，且案件不属于附带民事诉讼范围的，**被害人**可以推选若干代表人参加庭审 【注意】法院不得指定被害人的代表人出席
	举证质证规则	（1）对可能影响定罪量刑的关键证据和控辩双方存在争议的证据，一般应当单独举证、质证 （2）对控辩双方无异议的非关键证据，举证方可以仅就证据的名称及拟证明的事实作出说明 （3）召开庭前会议的案件，举证、质证可以按照庭前会议确定的方式进行 （4）法庭可以对控辩双方的举证、质证方式进行必要的指引
	庭外调查	（1）**可依职权**：合议庭对证据有疑问的，可以宣布休庭，对证据进行调查核实 （2）**调查方式**：勘验、检查、查封、扣押、鉴定、查询、冻结（注意：无搜查） （3）可以通知检察人员、辩护人、自诉人及其法定代理人到场
	调取新证据	（1）**依申请**：当事人、辩护人、诉讼代理人有权申请通知新的证人到庭，调取新的物证，申请重新鉴定或勘验 （2）**依职权**：法院**庭外调查核实证据过程中**，发现对定罪量刑有重大影响的新的证据材料的，应当告知检察人员、辩护人、自诉人及其法定代理人，也可以直接提取，并通知检察人员、辩护人、自诉人及其法定代理人查阅、摘抄、复制 【量刑证据的调取】合议庭发现被告人可能有自首、坦白、立功等法定量刑情节，而检察院移送的案卷中没有相关证据材料的，应当通知检察院移送 【庭外调查取得证据的效力】庭外调查核实取得的证据，应当经过当庭质证才能作为定案的根据。但是，对**不影响定罪量刑的非关键证据**、**有利于被告人的量刑证据**、**认定被告人有犯罪前科的裁判文书**等证据，经庭外征求意见，控辩双方没有异议的，可不再当庭质证
	补充侦查	（1）**启动方式**： ①公诉人发现案件需要补充侦查，建议延期审理的，合议庭**可以**同意 被告人提出新的立功线索的，法院可以建议检察院补充侦查 【注意】审判阶段的补充侦查的启动形式上必须由检察机关提出，法院不得主动将案件"退回"检察机关补充侦查 ②审判期间，法院发现新的事实，可能影响定罪量刑的，或需要补查补证的，应当通知检察院，由**检察院决定**是否补充、变更、追加起诉或补充侦查。检察院不同意或在指定时间内未回复书面意见的，法院应当就起诉指控的事实作出裁判 （2）**期限/次数**：1个月／2次

（续）

法庭调查	补充侦查	（3）**补充侦查后的处理：** ①补充侦查后移送起诉：检察院将补充收集的证据移送法院的，法院应当通知辩护人、诉讼代理人查阅、摘抄、复制 ②补充侦查后未移送证据：补充侦查期限届满后，检察院未将补充的证据材料移送法院的，法院**可以根据在案证据作出裁判** ③补充侦查后未移送起诉：补充侦查期限届满后，经法庭通知，检察院未将补充侦查时**退回的案卷**移送法院，或拒不派员出席法庭的，法院**可以决定按检察院撤诉处理**
	证据突袭	（1）控/辩方申请出示开庭前未移送法院的证据，对方提出异议的，审判长应当要求申请方说明理由；理由成立并确有出示必要的，应当准许 （2）控/辩方提出需要对新的证据做公诉/辩护准备的，法庭可以宣布休庭，并确定准备公诉/辩护的时间
		【注意】起诉书指控的被告人的犯罪事实为两起以上的，法庭调查一般应当分别进行 【总结】法庭调查的顺序：先控后辩
法庭辩论		（1）**法庭辩论顺序：** ①公诉人发言（公诉词/公诉意见） 【量刑建议】检察院向法院提出量刑建议的，公诉人应当在发表公诉意见时提出 ②被害人及其诉讼代理人发言 ③被告人自行辩护 ④辩护人辩护 ⑤控辩双方进行辩论 【附带民事诉讼】有附带民事诉讼的，在刑事部分的辩论结束后，进入附带民事诉讼部分辩论 【总结】先控后辩，先刑后民 （2）**程序倒流：**法庭辩论过程中，合议庭发现与定罪量刑有关的新的事实，有必要调查的，审判长可以宣布暂停辩论，恢复法庭调查，在对新的事实调查后，继续法庭辩论
被告人最后陈述		（1）被告人最后陈述的权利不可剥夺，不可替代行使未成年被告人最后陈述后，其法定代理人可以进行补充陈述 （2）被告人在最后陈述中多次重复自己的意见的，审判长可以制止 （3）**程序倒流：** ①被告人提出**新的事实、证据**，合议庭认为可能影响正确裁判的，应当**恢复法庭调查** ②被告人提出**新的辩解理由**，合议庭认为可能影响正确裁判的，应当**恢复法庭辩论**
评议与宣判	评议规则	（1）审理和评议由同一合议庭进行 （2）意见分歧的，应当按多数意见作出决定，但少数意见应当记入笔录 （3）评议一律秘密进行

（续）

评议与宣判	宣判规则	（1）宣判一律公开 公诉人、辩护人、诉讼代理人、被害人、自诉人或附带民事诉讼原告人未到庭的，不影响宣判的进行 （2）**判决书送达时间：** ①当庭宣判的，应当在5日内送达判决书 ②定期宣判的，应当立即送达判决书 （3）**判决书送达对象：** ①应当送达：检察院、当事人、法定代理人、辩护人、诉讼代理人（检察院＋"当""法""辩""诉"） ②可以送达：被告人的近亲属 ③判决生效后，还应当送达被告人的所在单位或原户籍地的公安派出所，或被告单位的注册登记机关	

文书签名	文书类型	签名主体
	评议笔录	合议庭成员、法官助理、书记员
	庭审笔录	
	判决书、裁定书	

裁判结果	情形	结果
	起诉指控的事实清楚，证据确实、充分，依据法律认定指控被告人的罪名成立的	作出有罪判决
	起诉指控的事实清楚，证据确实、充分，但指控的罪名不当的	依据法律和审理认定的事实作出有罪判决
	案件事实清楚，证据确实、充分，依据法律认定被告人无罪的	判决宣告被告人无罪
	证据不足，不能认定被告人有罪的	
	案件部分事实清楚，证据确实、充分，部分事实不清、证据不足的	对事实清楚，证据确实、充分的部分作出有罪或无罪判决；对事实不清、证据不足部分，不予认定
	被告人因未达刑事责任年龄，不予刑事处罚的	判决宣告被告人不负刑事责任
	被告人是精神病人，在不能辨认或不能控制自己行为时造成危害结果的	
	犯罪已过追诉时效期限且不是必须追诉的	裁定终止审理
	经特赦令免除刑罚的	
	属于告诉才处理的案件	裁定终止审理，并告知被害人有权提起自诉
	被告人死亡的	裁定终止审理（能够确认无罪的，判决宣告被告人无罪）

（续）

评议与宣判	裁判文书说理	（1）裁判文书应当写明裁判依据，阐释裁判理由，反映控辩双方的意见并说明采纳或不予采纳的理由 （2）适用普通程序审理的被告人认罪的案件，裁判文书可以适当简化

【庭审顺序】开庭→法庭调查→法庭辩论→被告人最后陈述→评议、宣判

考点4：认罪认罚案件的审理程序★★★

审理重点	（1）对检察院提起公诉的认罪认罚案件，法院应当重点审查以下内容： ①检察院讯问犯罪嫌疑人时，是否告知其诉讼权利和认罪认罚的法律规定 ②是否随案移送听取犯罪嫌疑人、辩护人或值班律师、被害人及其诉讼代理人意见的笔录 ③被告人与被害人达成调解、和解协议或取得被害人谅解的，是否随案移送调解、和解协议或被害人谅解书等相关材料 ④需要签署认罪认罚具结书的，是否随案移送具结书 （2）未随案移送以上材料的，应当要求检察院补充 （3）被告人违背意愿认罪认罚，或认罪认罚后又反悔，需要转换程序的，应按照普通程序重新审理
程序简化	（1）讯问、发问可以简化 （2）对控辩双方无异议的证据，可以仅就证据名称及证明内容进行说明；对控辩双方有异议，或法庭认为有必要调查核实的证据，应当出示并进行质证 （3）裁判文书可以简化 【总结】讯问发问可简化；举证、质证可省略（前提：无异议）；裁判文书可简化
量刑建议的审查采纳	（1）对于认罪认罚案件，法院作出判决时，一般应当采纳检察院指控的罪名和量刑建议，但有下列情形的除外： ①被告人的行为不构成犯罪或不应当追究其刑事责任的 ②被告人违背意愿认罪认罚的 ③被告人否认指控的犯罪事实的 ④起诉指控的罪名与审理认定的罪名不一致的 ⑤其他可能影响公正审判的情形 【总结】不构罪、不负责、不自愿、不认罪、不一致 （2）调整量刑建议： ①法院经审理认为量刑建议明显不当，或被告人、辩护人对量刑建议提出异议的，检察院可以调整量刑建议。检察院不调整量刑建议或调整量刑建议后仍然明显不当的，法院应当依法作出判决[①] ②检察院在开庭审理前或者休庭期间调整量刑建议的，应当重新听取被告人及其辩护人或值班律师的意见 ③检察院调整量刑建议，可以制作量刑建议调整书移送法院 ④适用速裁程序审理的，检察院调整量刑建议应当在庭前或当庭提出。调整量刑建议后，被告人同意继续适用速裁程序的，不需要转换审理程序 ⑤被告人在检察院提起公诉前未认罪认罚，在审判阶段认罪认罚的，法院可以不再通知检察院提出或调整量刑建议，但应当就定罪量刑听取控辩双方意见

---

① 《刑诉解释》第354条规定，对量刑建议是否明显不当，应当根据审理认定的犯罪事实、认罪认罚的具体情况，结合相关犯罪的法定刑、类似案件的刑罚适用等作出审查判断。

（续）

量刑建议的审查采纳	（3）**对反悔的抗诉**：认罪认罚案件中，法院采纳检察院提出的量刑建议作出裁判，被告人仅以量刑过重为由提出上诉，因被告人反悔不再认罪认罚**致从宽量刑明显不当的**，检察院**应当**提出抗诉
量刑方法	（1）对认罪认罚案件，法院一般应当对被告人从轻处罚；符合非监禁刑适用条件的，**应当**适用非监禁刑；具有法定减轻处罚情节的，可以减轻处罚 （2）对认罪认罚案件，应当根据被告人认罪认罚的阶段早晚以及认罪认罚的主动性、稳定性、彻底性等，在从宽幅度上体现差异 （3）共同犯罪案件，部分被告人认罪认罚的，可以对该部分被告人从宽处罚，但应当注意全案的量刑平衡

考点 5：公诉的补充、追加、变更、撤回★

补充起诉	**适用情形**：遗漏罪行
追加起诉	**适用情形**：遗漏同案被告人
变更起诉	**适用情形**： ①被告人的真实身份、犯罪事实与起诉书不一致 ②事实、罪名、适用法律与起诉书不一致 审判期间，法院发现新的事实，可能影响定罪的，可以建议检察院补充或变更起诉；检察院不同意或在 7 日内未回复意见的，法院应当就起诉指控的犯罪事实作出裁判
撤回起诉	（1）**适用情形**：在法院**宣告判决前**，检察院发现具有下列情形之一的，可以撤回起诉： ①不存在犯罪事实的 ②犯罪事实并非被告人所为的 ③情节显著轻微、危害不大，不认为是犯罪的 ④证据不足或证据发生变化，不符合起诉条件的 ⑤被告人因未达到刑事责任年龄，不负刑事责任的 ⑥法律、司法解释发生变化导致不应当追究被告人刑事责任的 ⑦其他不应当追究被告人刑事责任的 （2）**法院裁量权**：检察院要求撤回起诉的，法院应当审查撤回起诉的理由，作出是否准许的裁定 （3）**撤回后的处理**：检察院应当在撤回起诉后 30 日内作出不起诉决定。需要重新侦查的，应当在作出不起诉决定后将案卷材料退回公安机关，建议公安机关重新侦查并书面说明理由 （4）**撤回的效力**：没有新的事实或新的证据，检察院不得再行起诉 【新的事实】原起诉书中未指控的犯罪事实。该犯罪事实触犯的罪名既可以是原指控罪名的同一罪名，也可以是其他罪名 【新的证据】撤回起诉后收集、调取的足以证明原指控犯罪事实的证据

考点6：审理中断★★

延期审理	（1）**适用情形：** ①需要通知新的证人到庭，调取新的物证，重新鉴定或勘验的 ②检察人员发现提起公诉的案件需要补充侦查，提出建议的
延期审理	③检察人员发现遗漏罪行或遗漏同案犯罪嫌疑人，虽不需要补充侦查和补充提供证据，但需要补充、追加或变更起诉的 ④由于申请回避而不能进行审判的 （2）**期间计算：**除检察机关补充侦查或补充、追加、变更起诉的情形外，延期审理的期间都计入审限
中止审理	（1）**适用情形：** ①被告人患有严重疾病，无法出庭的 ②被告人脱逃的 ③自诉人患有严重疾病，无法出庭，未委托诉讼代理人出庭的 ④由于不能抗拒的原因 【总结】病重、脱逃、不可抗力 有多名被告人的案件，部分被告人具有以上情形的，法院可以对全案中止审理；也可以对该部分被告人中止审理，对其他被告人继续审理 （2）**期间计算：**不计入审限

【比较】延期审理 v. 中止审理

	延期审理	中止审理
阶段	庭审过程中	受案后至作出裁判前
原因	庭审自身出现障碍	不可抗力
后果	庭审活动暂停，其他诉讼活动继续进行	所有诉讼活动停止
开庭时间	可预见	不可预见
作出形式	决定	裁定

考点 7：单位犯罪案件审理程序 ★★★★

诉讼代表人	人选确定	（1）原则：法定代表人、实际控制人或主要负责人 （2）由被告单位委托其他负责人或职工作为诉讼代表人： ①法定代表人、实际控制人或主要负责人被指控为单位犯罪直接责任人员的 ②因客观原因无法出庭的 （3）难以确定诉讼代表人的，可以由被告单位委托律师等单位以外的人员作为诉讼代表人 诉讼代表人不得同时担任被告单位或被指控为单位犯罪直接责任人员的有关人员的辩护人
	不到庭的处理	（1）法定代表人、实际控制人或主要负责人不到庭： ①无正当理由的：可拘传其到庭 ②因客观原因或下落不明：要求检察院另行确定诉讼代表人 （2）其他人不到庭：要求检察院另行确定诉讼代表人
诉讼代表人的诉讼权利		（1）被告单位的诉讼代表人享有刑事诉讼法规定的有关被告人的诉讼权利 （2）开庭时，诉讼代表人席位置于审判台前左侧，与辩护人席并列
遗漏单位被告人的处理		（1）追加起诉：对应当认定为单位犯罪的案件，检察院只作为自然人犯罪起诉的，法院应当建议检察院对犯罪单位追加起诉 （2）检察院仍以自然人犯罪起诉的，法院应当依法审理，按照单位犯罪直接负责的主管人员或其他直接责任人员追究刑事责任
单位财产的处理		（1）违法所得处理：被告单位的违法所得及其孳息，尚未被依法追缴或查封、扣押、冻结的，法院应当决定追缴或查封、扣押、冻结 （2）合法财产保全：法院可以先行查封、扣押、冻结被告单位的财产，或由被告单位提出担保
单位变更		（1）单位消失：审判期间，被告单位被吊销营业执照、宣告破产但尚未完成清算、注销登记的，应当继续审理；被告单位被撤销、注销的，对单位犯罪中直接负责的主管人员和其他直接责任人员应当继续审理 （2）单位变更：审判期间，被告单位合并、分立的，应当将原单位列为被告单位，并注明合并、分立情况。对被告单位所判处的罚金以其在新单位的财产及收益为限

考点 8：法庭秩序 ★★

法庭纪律	（1）庭审期间，全体人员应当服从法庭指挥，遵守法庭纪律，尊重司法礼仪，不得实施下列行为： ①鼓掌、喧哗、随意走动 ②吸烟、进食 ③拨打、接听电话，或使用即时通讯工具 ④对庭审活动进行录音、录像、拍照或使用即时通讯工具等传播庭审活动 ⑤其他危害法庭安全或扰乱法庭秩序的行为 （2）旁听人员不得进入审判活动区，不得随意站立、走动，不得发言和提问 （3）记者经许可实施上述第四项规定的行为，应当在指定的时间及区域进行，不得干扰庭审活动

（续）

惩戒措施	（1）情节较轻的，应当警告制止并进行训诫 （2）训诫无效的，责令退出法庭；拒不退出的，指令法警强行带出法庭 （3）情节严重的，报经院长批准后，可以对行为人处 1000 元以下的罚款或 15 日以下的拘留 【注意】罚款与拘留只能择一适用 （4）未经许可对庭审活动进行录音、录像、拍照或使用即时通讯工具等传播庭审活动的，可以暂扣相关设备及存储介质，删除相关内容
救济途径	（1）诉讼参与人、旁听人员对罚款、拘留的决定不服的，可以向上一级法院申请复议 （2）复议期间，不停止决定的执行
辩护人违反法庭纪律	辩护人严重扰乱法庭秩序，被强行带出法庭或被处以罚款、拘留： （1）被告人自行辩护的，庭审继续进行 （2）被告人要求另行委托辩护人，或被告人属于应当提供法律援助情形的，应当宣布休庭

考点 9：一审期限 ★★★

3 个月	法院审理公诉案件，应当在受理后 2 个月以内宣判，至迟不得超过 3 个月
+ 3 个月	具有以下情形的案件，经上一级法院批准，可以延长 3 个月： ①可能判处死刑；②附带民事诉讼；③"交""集""流""广"
+ X	因特殊情况还需要延长的，报请最高法院批准
审限的重新计算	（1）法院改变管辖的案件，从改变后的法院收到案件之日起计算审理期限 （2）检察院补充侦查的案件，补充侦查完毕移送法院后，重新计算审理期限

考点 10：自诉案件的审理程序 ★★

受理条件	（1）属于自诉案件的范围 （2）属于本院管辖 （3）被害人告诉 （4）有明确的被告人、具体的诉讼请求和证明被告人犯罪事实的证据

（续）

审理程序	（1）**提起方式**：书面或口头 （2）**不予受理的情形**（立案前）： 具有下列情形之一的，应当说服自诉人撤回起诉；自诉人不撤回起诉的，**裁定**不予受理： ①不属于自诉案件的范围 ②缺乏罪证 ③犯罪已过追诉时效期限 ④被告人死亡 ⑤被告人下落不明 ⑥自诉人撤诉后，就同一事实又告诉（因证据不足而撤诉的除外） ⑦经法院调解结案后，自诉人反悔，就同一事实再行告诉 ⑧属于被害人有证据证明的轻微刑事案件，公安机关正在立案侦查或检察院正在审查起诉的 ⑨不服检察院对未成年犯罪嫌疑人作出的附条件不起诉决定或附条件不起诉考验期满后作出的不起诉决定，向法院起诉的（附条件不起诉不得"转自诉"） （3）**驳回起诉**：对已经立案，经审查缺乏罪证的自诉案件，自诉人提不出补充证据的，法院应当说服其撤回起诉或**裁定**驳回起诉 【注意】不予受理与驳回起诉都以"裁定"形式作出。这意味着，对不予受理或驳回起诉裁定不服的，可以上诉。二审法院认为一审裁定有错误的，应当在撤销原裁定的同时，指令一审法院受理 （4）**代为告诉**：如果被害人死亡、丧失行为能力或因受强制、威吓等**无法告诉**，或是限制行为能力人以及因年老、患病、盲、聋、哑等**不能亲自告诉**，其法定代理人、近亲属告诉或代为告诉的，法院应当依法受理 （5）**审查期限**：15日
程序特点	（1）**被告人／自诉人的可分性**： ①**仅对部分侵害人提起自诉**：自诉人明知有其他共同侵害人，但只对部分侵害人提起自诉的，法院应当受理，并告知其放弃告诉的法律后果；自诉人放弃告诉，判决宣告后又对其他共同侵害人就同一事实提起自诉的，法院不予受理 ②**仅有部分被害人提起自诉**：共同被害人中只有部分人告诉的，法院应当通知其他被害人参加诉讼，并告知其不参加诉讼的法律后果；被通知人接到通知后表示不参加诉讼或不出庭的，视为放弃告诉。第一审宣判后，被通知人就同一事实又提起自诉的，法院不予受理 （2）**可以调解**：除公诉转自诉的案件外，可以调解 ①调解达成协议的，应当制作刑事调解书，由审判人员、法官助理、书记员署名，并加盖法院印章 ②调解书经双方当事人签收后，即具有法律效力 ③调解没有达成协议，或调解书签收前当事人反悔的，应当及时作出判决 （3）**可以和解，可以撤诉**：判决宣告前，自诉案件的当事人可以自行和解，自诉人可以撤回自诉 【法院审查】法院经审查，认为和解、撤回自诉确属自愿的，应当裁定准许；认为系被强迫、威吓等，并非出于自愿的，不予准许 【按撤诉处理】自诉人经**两次**传唤，无正当理由拒不到庭，或未经法庭准许中途退庭的，法院应当裁定按撤诉处理 【部分自诉人撤诉】部分自诉人撤诉或被裁定按撤诉处理的，不影响案件的继续审理 【解除强制措施】撤诉结案的案件，被告人被采取强制措施的，法院应当立即解除

（续）

程序特点	（4）**可以反诉**：除公诉转自诉的案件外，可以反诉 【反诉的条件】①反诉的对象必须是本案自诉人；②反诉的内容必须是与本案有关的行为 【反诉的程序】①反诉案件适用自诉案件的规定，与自诉案件一并审理；②自诉人撤诉的，不影响反诉案件的继续审理 （5）**公诉案件与自诉案件的合并审理**：被告人实施两个以上犯罪行为，分别属于公诉案件和自诉案件的，法院可以一并审理 【注意】合并审理必须是先公诉后自诉
审理期限	（1）**被告人被羁押**：同公诉案件一审程序（3 + 3 + X） （2）**被告人未被羁押**：6个月

考点 11：简易程序 ★★★★★

适用条件	（1）**积极条件**： ①属于基层法院管辖 ②案件事实清楚、证据充分 ③被告人承认自己所犯罪行，对指控的犯罪事实没有异议 ④被告人对适用简易程序没有异议 【总结】基层法院、证据充分、承认罪行、同意适用 对未成年人刑事案件，决定适用简易程序的，应当征求未成年被告人及其法定代理人、辩护人意见。以上人员提出异议的，不得适用简易程序 （2）**消极条件**： ①被告人是盲、聋、哑人的 ②被告人是尚未完全丧失辨认或控制自己行为能力的精神病人的 ③有重大社会影响的 ④共同犯罪案件中部分被告人不认罪或对适用简易程序有异议的 ⑤辩护人作无罪辩护的 ⑥被告人认罪但经审查认为可能不构成犯罪的 ⑦不宜适用简易程序审理的其他情形 【总结】盲、聋、哑，精神病，影响大，不认罪，辩无罪，不构罪，有异议
审判组织、审理期限	<table><tr><td></td><td>审判组织</td><td>审理期限</td></tr><tr><td>**3年以下**</td><td>可合议，可独任</td><td>20日</td></tr><tr><td>**超过3年**</td><td>只能合议</td><td>1.5个月</td></tr></table>【独任转合议】适用简易程序独任审判过程中，发现对被告人可能判处的有期徒刑超过3年的，应当转由合议庭审理
公诉人出庭	（1）适用简易程序审理的公诉案件，检察院应当派员出庭 （2）检察院可以对适用简易程序的案件相对集中提起公诉，建议法院相对集中审理

（续）

庭审的简化	（1）公诉人可以摘要宣读起诉书 （2）公诉人、辩护人、审判人员对被告人的讯问、发问可以简化或省略 （3）对控辩双方无异议的证据，可以仅就证据的名称及所证明的事项作出说明；对控辩双方有异议，或法庭认为有必要调查核实的证据，应当出示，并进行质证 （4）控辩双方对与定罪量刑有关的事实、证据没有异议的，法庭审理可以直接围绕罪名确定和量刑问题进行 【最后陈述不可省略】适用简易程序审理案件，判决宣告前应当听取被告人的最后陈述
转为普通程序	（1）**应当转为普通程序的情形：** ①被告人的行为可能不构成犯罪的 ②被告人可能不负刑事责任的 ③被告人当庭对起诉指控的犯罪事实予以否认的 ④案件事实不清、证据不足的 ⑤不应当或不宜适用简易程序的其他情形 （2）**审限起算**：从决定转为普通程序之日起计算 （3）**延期审理**：转为普通程序审理的案件，公诉人需要作出庭准备的，可以建议法院延期审理
认罪认罚案件适用简易程序	（1）适用简易程序审理认罪认罚案件，公诉人可以简要宣读起诉书 （2）审判人员当庭询问被告人对指控的犯罪事实、证据、量刑建议及适用简易程序的意见，核实具结书签署的自愿性、真实性、合法性 （3）法庭调查可以简化，但对有争议的事实和证据应当进行调查、质证 （4）法庭辩论可以仅围绕有争议的问题进行 （5）裁判文书可以简化

考点 12：速裁程序 ★★★★★

概念	基层法院审理可能判处 3 年有期徒刑以下刑罚，事实清楚、证据确实、充分，被告人认罪认罚且民事赔偿问题已经解决的案件，在被告人同意的前提下，适用的比简易程序更为简化的审判程序
意义	速裁程序是对简易程序的简化，有利于进一步合理分配司法资源，提高审判效率。2018 年《刑事诉讼法》关于速裁程序的增设，使我国刑事一审程序形成了普通程序、简易程序、速裁程序多元化繁简分流模式
审判组织	独任庭

（续）

适用条件		（1）**积极条件**： ①属于基层法院管辖 ②可能判处 3 年有期徒刑以下刑罚 ③案件事实清楚、证据充分 ④被告人认罪认罚 ⑤被告人对适用速裁程序没有异议 【总结】基层法院，3 年以下，证据充分，认罪认罚，同意适用 （2）**消极条件**： ①被告人是盲、聋、哑人 ②被告人是尚未完全丧失辨认或控制自己行为能力的精神病人 ③被告人是未成年人 ④有重大社会影响的 ⑤共同犯罪案件中部分被告人对指控的犯罪事实、罪名、量刑建议或适用速裁程序有异议 ⑥被告人与被害人或其法定代理人没有就附带民事诉讼赔偿等事项达成调解或和解协议 ⑦辩护人作无罪辩护的 ⑧不宜适用速裁程序审理的其他情形 【总结】盲、聋、哑，精神病，未成年，影响大，有异议，辩无罪，不和解
程序特点	"一个省略"	一般不进行法庭调查、法庭辩论
	"一个简化"	裁判文书可以简化
	"三个应当"	（1）应当听取辩护人意见 （2）应当听取被告人最后陈述意见 （3）应当当庭宣判
	"四个集中"	（1）集中送达：可以在向被告人送达起诉书时一并送达权利义务告知书、开庭传票，并核实被告人自然信息等情况。不受起诉书副本、证人名单、开庭传票等送达期限的限制 （2）集中开庭：法院可以集中开庭，逐案审理 （3）集中公诉：检察院可以指派公诉人集中出庭支持公诉 （4）集中宣判：集中审理的，可以集中当庭宣判
审理期限		（1）**1 年以下**：10 日 （2）**超过 1 年（1—3 年）**：15 日
转向处分		法院在适用速裁程序审理过程中，发现有以下情形之一的，应当适用普通程序或简易程序重新审理： ①被告人的行为不构成犯罪或不应当追究其刑事责任 ②被告人违背意愿认罪认罚 ③被告人否认指控的犯罪事实 ④案情疑难、复杂或对适用法律有重大争议 ⑤其他不宜适用速裁程序审理的情形

（续）

二审处理	（1）被告人不服适用速裁程序作出的第一审判决提出上诉的案件，可以不开庭审理 （2）第二审法院审查后，按照下列情形分别处理： ①被告人以事实不清、证据不足为由提出上诉的，应当裁定撤销原判，发回原审法院适用普通程序重新审理，不再按认罪认罚案件从宽处罚 ②被告人以量刑不当为由提出上诉的，认为原判量刑适当的，应当裁定驳回上诉，维持原判；原判量刑不当的，依法改判

【比较】简易程序 v. 速裁程序

	简易程序	速裁程序
审理法院	基层法院（一审）	
审判组织	3 年以下：可合议可独任 超过 3 年：合议	独任庭
自愿认罪	√	
程序选择	√	
刑罚要求	有期徒刑以下	3 年以下
适用条件	基层法院，证据充分，承认罪行，同意适用	基层法院，3 年以下，证据充分，认罪认罚，同意适用
	速裁程序比简易程序多了"3 年以下"与"认罚"的要求	
禁止条件	盲、聋、哑，精神病，影响大，有异议，辩无罪，不构罪	盲、聋、哑，精神病，未成年，影响大，有异议，辩无罪，不和解
	速裁程序比简易程序多了"未成年"与"不和解"的情形	
简化程度	"可简化"法庭调查与法庭辩论	"一般不进行"法庭调查与法庭辩论
当庭宣判	一般应当当庭宣判	应当当庭宣判
审理期限	3 年以下：20 日；超过 3 年：1.5 月	1 年以下：10 日；超过 1 年：15 日

考点 13：判决、裁定、决定★★

	判决	裁定	决定
适用主体	法院	法院	侦查机关 + 检察院 + 法院
适用对象	实体问题	程序问题 + 实体问题（个别）	程序问题
适用阶段	审判阶段	审判阶段 + 执行阶段	刑事诉讼全过程
作出形式	书面	书面 + 口头	书面 + 口头
一案中数量	只有一个生效判决	可有多个	可有多个
生效时间	一般不会立即生效	一般不会立即生效	作出即生效
救济方式	可于 10 日内上诉、抗诉	可于 5 日内上诉、抗诉	复议、复核、申诉

第十五章　第二审程序

扫描右侧二维码"听课+做题"，直达最佳学习效果
1. 在线听课：学习本章节核心考点讲解课程。
2. 在线刷题：点击 ⬆ 进入题库做章节练习。

考点1：第二审程序的提起 ★★★

	上诉	抗诉
主体	（1）独立主体：被告人、自诉人及其法定代理人 （2）非独立主体（须经被告人、自诉人同意）：辩护人、近亲属 【附带民事诉讼部分上诉】附带民事诉讼的当事人及其法定代理人，可对第一审裁判中的附带民事诉讼部分提出上诉	一审法院的同级检察院 【请求抗诉】被害人及其法定代理人不服一审判决的，自收到判决书后5日内，有权请求检察院提出抗诉。检察院自收到请求后5日内，应当作出是否抗诉的决定并答复请求人（5＋5） 【注意】 ①被害人的近亲属无权请求抗诉 ②请求抗诉只适用于判决，不适用于裁定
	在罚没违法所得程序中，被追诉人的近亲属、其他利害关系人、检察院可以提出上诉、抗诉	
理由	不需要	认为一审裁判确有错误
形式	书面＋口头	书面
途径	原审法院或上一级法院	原审法院（抗诉书抄送上一级检察院）
期限	（1）判决：10日 （2）裁定：5日 对附带民事判决、裁定的上诉、抗诉期限，应当按照刑事部分的上诉、抗诉期限确定	

考点 2：上诉、抗诉的撤回 [①] ★★

上诉的撤回	上诉期限内	无须审查，一律准许
	上诉期满后	**二审法院应当审查：** （1）认为原判认定事实和适用法律正确，量刑适当的，应当**裁定**准许撤回上诉 （2）认为原判确有错误的，应当**裁定**不予准许，继续按照上诉案件审理 （3）被判处死刑立即执行的被告人提出上诉，在第二审开庭后宣告裁判前申请撤回上诉的，**应当不予准许**，继续按照上诉案件审理 【总结】上诉期满后不准许撤回上诉的情形：原审有错＋原判"死立执"
抗诉的撤回	抗诉期限内	第一审法院不再向上一级法院移送案件
	抗诉期满后	第二审法院可以裁定准许，但是认为原判存在将无罪判为有罪、轻罪重判等情形的，应当不予准许，继续审理 【注意】"继续审理"指按照抗诉案件审理

考点 3：全面审查原则 ★★★

基本含义	第二审法院应当就第一审判决认定的事实和适用法律进行全面审查，不受上诉或抗诉范围的限制 法庭调查应当重点围绕对第一审判决提出异议的事实、证据以及提交的新的证据等进行；对没有异议的事实、证据和情节，可以直接确认
共同犯罪	（1）**部分上诉、抗诉：**共同犯罪案件，只有部分被告人提出上诉，或自诉人只对部分被告人的判决提出上诉，或检察院只对部分被告人的判决提出抗诉的，第二审法院应当对全案进行审查，一并处理 （2）**上诉人死亡：**共同犯罪案件，上诉的被告人死亡，其他被告人未上诉的，第二审法院仍应对全案进行审查。经审查，死亡的被告人不构成犯罪的，应当宣告无罪；构成犯罪的，应当终止审理，对其他同案被告人仍应作出裁判 （3）**被告人出庭：** ①对同案审理案件中未上诉的被告人，未被申请出庭或法院认为没有必要到庭的，可以不再传唤到庭 ②同案审理的案件，未提出上诉、检察院也未对其判决提出抗诉的被告人要求出庭的，应当准许 ③出庭的被告人可以参加法庭调查和法庭辩论

[①] 撤回上诉、抗诉的情形下裁判的生效时间：上诉、抗诉期限内撤回的，上诉、抗诉期满之日起一审裁判生效；上诉、抗诉期满后撤回的，准许撤回上诉、抗诉裁定书送达上诉人或抗诉机关之日起一审裁判生效。

考点 4：上诉不加刑原则 ★★★★★

基本含义	**只有被告人一方的上诉**，二审法院不得对被告人的刑罚作出**实质不利**的改判 被告人上诉，检察院、自诉人对刑事部分无意见，附带民事诉讼的原告人对附带民事部分的判决提起上诉，二审法院也不得加重被告人的刑罚
具体要求	（1）原判认定的罪名不当的，可以改变罪名，但不得加重刑罚或**对刑罚执行产生不利影响** ① （2）原判认定的罪数不当的，**可以改变罪数**，并调整刑罚，但不得加重**决定执行的刑罚**或对刑罚执行产生不利影响 【注意】①可以加重数罪中部分罪名的刑罚；②可以增加罪数 （3）原判对被告人宣告缓刑的，不得撤销缓刑或延长缓刑考验期 （4）原判没有宣告职业禁止、禁止令的，不得增加宣告；原判宣告职业禁止、禁止令的，不得增加内容、延长期限
具体要求	（5）原判对被告人判处死刑缓期执行没有限制减刑、决定终身监禁的，不得限制减刑、决定终身监禁 （6）原判判处的刑罚不当、应当适用附加刑而没有适用的，不得直接加重刑罚、适用附加刑。原判判处的刑罚畸轻，必须改判的，应当在第二审判决、裁定生效后，依照审判监督程序重新审判 【总结】不得对被告人执行的刑罚产生不利影响
共同犯罪	（1）同案审理的案件，只有部分被告人上诉的，既不得加重上诉人的刑罚，也不得加重其他同案被告人的刑罚 （2）检察院只对部分被告人的判决提出抗诉，或自诉人只对部分被告人的判决提出上诉的，第二审法院不得对其他同案被告人加重刑罚 【总结】二审不得加重不相关被告人的刑罚
发回重审不加刑	（1）只有被告人一方提出上诉的案件，第二审法院发回重新审判后，**除有新的犯罪事实，检察院补充起诉的以外**，原审法院不得加重被告人的刑罚 （2）只有被告人一方提出上诉的案件，原审法院对上诉发回重新审判的案件作出判决后，检察院抗诉的，第二审法院**不得改判为重于原审法院第一次判处的刑罚**

---

① 《刑法》第81条第2款规定，对累犯以及故意杀人、强奸、抢劫、绑架、放火、爆炸、投放危险物质或者有组织的暴力性犯罪被判处10年以上有期徒刑、无期徒刑的犯罪分子，不得假释。据此，实践中可能存在二审改变一审认定罪名，并未加重刑罚，但对被告人产生不利影响的情形。例如，二审将一审认定的盗窃罪改判为抢劫罪，维持12年有期徒刑刑罚。这种情况下，尽管未加重被告人的刑罚，但被告人却因罪名改变而不得假释，从而对其刑罚执行产生不利影响。

考点 5：二审的审理 ★★★★

审理方式	（1）**应当开庭的情形：** ①被告人、自诉人及其法定代理人对第一审认定的事实、证据提出异议，可能影响定罪量刑的上诉案件 ②被告人被判处**死刑**的上诉案件 被判处死刑立即执行的被告人没有上诉，同案的其他被告人上诉的案件，第二审法院应当开庭审理 ③检察院**抗诉**的案件 【总结】死刑＋抗诉 （2）**不开庭审理：** ①对上诉、抗诉案件，第二审法院经审查，认为原判事实不清、证据不足，或者具有《刑事诉讼法》第 238 条规定的违反法定诉讼程序情形，需要发回重新审判的，可以不开庭审理 ②应当讯问被告人，听取其他当事人、辩护人、诉讼代理人的意见 ③合议庭全体成员应当阅卷，必要时应当提交书面阅卷意见
开庭地点	二审法院＋案件发生地法院＋原审法院所在地法院
检察员出庭	（1）第二审法院开庭审理的**公诉**案件，同级检察院都应当派员出席法庭 （2）抗诉案件，检察院接到开庭通知后不派员出庭，且未说明原因的，法院可以裁定按检察院撤回抗诉处理，并通知第一审法院和当事人
检察院阅卷	（1）第二审法院应当在**决定开庭审理后**（注意：不是"受理案件后"）通知检察院查阅案卷 （2）检察院应当在 1 个月以内查阅完毕 （3）检察院查阅案卷的时间**不计入**审理期限
委托辩护	（1）第二审期间，被告人除自行辩护外，还可以继续委托第一审辩护人或另行委托辩护人辩护 （2）共同犯罪案件，只有部分被告人提出上诉，或自诉人只对部分被告人的判决提出上诉，或检察院只对部分被告人的判决提出抗诉的，其他同案被告人也可以委托辩护人辩护 【总结】无关被告人也可委托辩护人
开示新证据	第二审期间，检察院或被告人及其辩护人提交新证据的，法院应当及时通知对方查阅、摘抄或复制
死刑二审	检察院办理死刑上诉、抗诉案件，应当进行下列工作： ①讯问原审被告人，听取原审被告人的上诉理由或辩解 ②**听取辩护人的意见** ③复核主要证据，必要时询问证人 ④必要时补充收集证据 ⑤对鉴定意见有疑问的，可以重新鉴定或补充鉴定 ⑥根据案件情况，可以听取被害人的意见

（续）

二审审限 （2 + 2 + X）	（1）2个月 （2）+ 2个月：高院批准：①可能判处死刑；②附带民事诉讼；③"交""集""流""广" （3）+ X：因特殊情况还需要延长的，报请最高法院批准 **不定期（最高法院二审）**：最高法院受理二审案件的审理期限，由最高法院决定
二审中认罪 认罚	（1）被告人在第一审程序中未认罪认罚，在第二审程序中认罪认罚的，第二审法院应当根据其认罪认罚的价值、作用决定是否从宽 （2）审理程序依照第二审程序进行 （3）确定从宽幅度时应当与第一审程序认罪认罚有所区别

考点 6：二审的裁判结果 ★★★★

维持原判	原判决认定事实和适用法律正确、量刑适当的，应当裁定驳回上诉或抗诉，维持原判
应当改判	原判决认定事实没有错误，但适用法律有错误，或量刑不当的，应当改判
可改判 可发回	原判决事实不清或证据不足的，可以在查清事实后改判；也可以裁定撤销原判，发回重审 【注意】以"事实不清、证据不足"为由发回重审的案件，原审法院重新作出判决后，被告人上诉或检察院抗诉的，第二审法院应当作出裁判，不得再发回重新审判（以"事实不清、证据不足"为由，只能发回一次）
应当发回	（1）违反有关**公开审判**的规定的 （2）违反**回避制度**的 （3）**剥夺**或限制了当事人的法定诉讼**权利**，可能影响公正审判的 （4）**审判组织**的组成不合法的 （5）其他违反法律规定的诉讼程序，可能影响公正审判的 【可不开庭】对上诉、抗诉案件，第二审法院经审查，认为原判事实不清、证据不足，违反法定诉讼程序情形，需要发回重新审判的，可以不开庭审理 【审判组织】原审法院对于发回重新审判的案件，应当另行组成合议庭，依照第一审程序进行审判 【审限计算】原审法院从收到发回的案件之日起，重新计算审理期限（一审审限：3 + 3 + X）

考点 7：在法定刑以下判处刑罚的核准程序 ★

核准方式	层报最高法院
层报程序	（1）**未上诉、抗诉**： ①在上诉、抗诉期满后3日内报请上一级法院复核 ②上一级法院同意原判的，应当书面层报最高法院核准 （2）**上诉、抗诉——依照第二审程序审理**： ①第二审维持原判，或改判后仍在法定刑以下判处刑罚的，应当层报最高法院核准 ②第二审改判法定刑内刑罚的，二审判决为生效判决
上级法院 一票否决	上一级法院不同意的，应当裁定发回重审，或按照第二审程序提审 原判是基层法院作出的，高级法院可以指定中级法院按照第一审程序重新审理

（续）

最高法院的处理方式	（1）**核准**：作出核准裁定书 （2）**不核准**：作出不核准裁定书，并撤销原裁判，发回原审法院重审或指定其他下级法院重审 发回第二审法院重审的，第二审法院可以直接改判；必须通过开庭查清事实、核实证据或纠正原审程序违法的，应当开庭审理
审理期限	同第二审程序（2＋2＋X）

第十六章　死刑复核程序

扫描右侧二维码"听课 + 做题",直达最佳学习效果
1. 在线听课:学习本章节核心考点讲解课程。
2. 在线刷题:点击 ⌂ 进入题库做章节练习。

考点 1:死刑立即执行的复核程序——最高法院 ★★★

报请 复核	中院一审 判死刑	(1)**无上诉、抗诉的:** ①在上诉、抗诉期满后 10 日内报请高级法院复核 ②高级法院同意判处死刑的,应当在作出裁定后 10 日内报请最高法院核准 ③高级法院不同意判处死刑的,应当依照第二审程序提审或发回重审 (2)**上诉或抗诉的:** ①高级法院裁定维持的,应当在作出裁定后 10 日内报请最高法院核准 ②高级法院改判非死立执的,二审判决为终审判决
	高院一审 判死刑	(1)**无上诉、抗诉的:**应当在上诉、抗诉期满后 10 日内报请最高法院核准 (2)**上诉或抗诉的:**二审法院(最高法院)的判决为终审判决
复核 程序	审判组织	审判员 3 人组成合议庭
	程序听证化	(1)应当讯问被告人 高级法院复核死刑缓期执行案件,应当讯问被告人 (2)辩护律师提出要求的,应当听取辩护律师的意见 (3)最高检察院**可以**向最高法院提出意见 (4)最高法院**应当**将死刑复核结果通报最高检察院
	全面审查	(1)共同犯罪案件中,部分被告人被判处死刑的,最高法院复核时,应当对全案进行审查,但不影响对其他被告人已经发生法律效力的裁判的执行(全案审查,分别生效) 该同案被告人参与实施有关死刑之罪的,应当在最高法院复核讯问被判处死刑的被告人后交付执行 (2)发现对其他被告人已经发生法律效力的裁判确有错误时,可以指令原审法院再审

（续）

复核后的处理	裁定核准	（1）**直接核准**：原判认定事实和适用法律正确、量刑适当、诉讼程序合法的 （2）**纠正后核准**：原判认定的某一具体事实或引用的法律条款等存在**瑕疵**，但判处被告人死刑并无不当的，可以在纠正后作出核准的裁定
	裁定不予核准，撤销原判，发回重审	（1）原判事实不清、证据不足的 （2）复核期间出现新的影响定罪量刑的事实、证据的 （3）原审违反法定诉讼程序，可能影响公正审判的
	发回或改判	原判认定事实正确、证据充分，但依法不应当判处死刑的，应当裁定不予核准，并撤销原判，发回重新审判；根据案件情况，**必要时，也可以改判**
	【总结】 一切正确——核准 有瑕疵（具体事实、法律条款）——纠正后核准 事实不清——发回 程序违法——发回 事实清楚，量刑不当——原则上发回，亦可改判	
发回重审	重审法院	（1）最高法院裁定不予核准死刑的，可以发回第二审法院或第一审法院重新审判 对最高法院发回第二审法院重新审判的案件，第二审法院**一般不得**发回第一审法院重新审判 （2）高级法院依照复核程序审理后报请最高法院核准死刑，最高法院裁定不予核准，发回高级法院重审的，高级法院可以依照第二审程序提审或发回重新审判
	次数限制	最高法院死刑复核后发回重新审判的案件，第一审法院判处死刑、死刑缓期执行的，上一级法院依照第二审程序或复核程序审理后，应当作出裁判，不得再发回重新审判。但是，第一审法院存在程序违法情形的除外
	重审程序	（1）第一审法院重审的，应当开庭审理 （2）第二审法院重审的，必须通过开庭查清事实、核实证据或纠正原审程序违法的，应当开庭审理
	审判组织	（1）最高法院裁定不予核准死刑，发回重审的案件，原审法院一般应当另行组成合议庭审理 （2）因以下原因发回重审的，原审法院无须另行组成合议庭审理： ①复核期间出现新的影响定罪量刑的事实、证据的（新事实，新证据） ②原判认定事实正确，但依法不应当判处死刑的（定性正确，量刑过重）

考点 2：死刑缓期二年执行的复核程序———高级法院 ★

报请复核	中级法院判处死刑缓期执行的第一审案件，被告人未上诉、检察院未抗诉的，应当报请高级法院核准
复核程序	（1）**审判组织**：3 人合议庭 （2）应当讯问被告人 （3）被告人没有委托辩护人的，应当通知法律援助机构指派律师为其提供辩护 （4）不得加重被告人的刑罚（死缓复核不加刑）

（续）

复核后的处理	裁定核准	（1）**直接核准**：原判认定事实和适用法律正确、量刑适当、诉讼程序合法的 （2）**纠正后核准**：原判认定的某一具体事实或引用的法律条款等存在**瑕疵**，但判处被告人死刑缓期执行并无不当的，可以在纠正后核准
	应当改判	原判认定事实正确，但适用法律有错误，或量刑过重的
	可改判 可发回	（1）原判事实不清、证据不足的 （2）复核期间出现新的影响定罪量刑的事实、证据的
	应当发回	原审违反法定诉讼程序，可能影响公正审判的
死缓犯限制减刑		被判处死刑缓期执行的**累犯**以及因**故意杀人、强奸、抢劫、绑架、放火、爆炸、投放危险物质**或**有组织的暴力性犯罪**被判处死刑缓期执行的犯罪分子，**可以同时决定限制减刑**

第十七章　审判监督程序

考点 1:提起审判监督程序的主体 ★★★

法院	本院院长	各级法院院长发现本院已经发生法律效力的裁判确有错误的,应当提交审判委员会讨论决定是否再审
	上级法院	(1)**指令再审**:上级法院发现下级法院已经发生法律效力的裁判确有错误的,可以指令下级法院再审 上级法院指令下级法院再审的,一般应当指令原审法院以外的下级法院审理;由原审法院审理更有利于查明案件事实、纠正裁判错误的,可以指令原审法院审理 (2)**提审**(可以):①原裁判认定事实正确但适用法律错误;②案件疑难、复杂、重大;③有不宜由原审法院审理情形的
	最高法院	最高法院发现各级法院的生效裁判确有错误的,可以提审或指令再审
检察院	上级检察院	上级检察院发现下级法院已经发生法律效力的裁判确有错误的,有权向同级法院提起再审抗诉
	最高检察院	最高检察院发现各级法院已经发生法律效力的裁判确有错误的,有权向同级法院提起再审抗诉
【作出生效裁判的法院】 (1)死刑立即执行的案件,作出生效裁判的法院是最高法院 (2)死刑缓期二年执行的案件,作出生效裁判的法院是高级法院 (3)在法定刑以下判处刑罚的案件,作出生效裁判的法院是最高法院		

💡【比较】二审抗诉 v. 再审抗诉

	二审抗诉	再审抗诉
对象	(未生效的)一审裁判	已生效裁判
抗诉机关	(原审法院的)同级检察院	(原审法院的)上级检察院或最高检察院
受理机关	(抗诉检察院的)上级法院	(抗诉检察院的)同级法院
期限	判决:10 日;裁定:5 日	无期限
效力	阻止一审裁判生效	一般不停止原裁判的执行

考点2：再审的程序★★★

对抗诉的处理	（1）一般情况下，对检察院提起再审抗诉的案件，法院应当在收到抗诉书后1个月内立案 （2）有下列情形之一的，应当区别情况予以处理： ①对不属于本院管辖的，应当将案件退回检察院 ②按照抗诉书提供的住址无法向被抗诉的原审被告人送达抗诉书的，应当通知检察院在3日内重新提供原审被告人的住址；逾期未提供的，将案件退回检察院 ③以有新的证据为由提出抗诉，但未附相关证据材料或有关证据不是指向原起诉事实的，应当通知检察院在3日内补送相关材料；逾期未补送的，将案件退回检察院 【总结】 无管辖权———退回检察院 地址有误、缺证据材料———通知3日内补送（逾期未补，退回检察院）
再审决定书	决定依照审判监督程序重新审判的案件，法院应当制作再审决定书
对执行的影响	（1）再审期间一般不停止原裁判的执行 （2）被告人可能经再审改判无罪，或可能经再审减轻原判刑罚而致刑期届满的，可以决定中止原裁判的执行 （3）必要时，可以对被告人采取取保候审、监视居住措施
审判组织	由原审法院重审的案件，应当另行组成合议庭
再审的程序	（1）原来是第一审案件，应当依照第一审程序进行审判，所作的裁判可以上诉、抗诉 （2）原来是第二审案件，或是上级法院提审的案件，应当依照第二审程序进行审判，所作的裁判是终审裁判
应当开庭的情形	（1）依照第一审程序审理的 （2）依照第二审程序审理，需要审查事实或证据的 （3）检察院抗诉的 （4）可能对原审被告人（上诉人）加重刑罚的 【总结】事实、证据、抗诉、加刑
再审不加刑	（1）除检察院抗诉的以外，再审一般不得加重原审被告人的刑罚 （2）再审决定书或抗诉书只针对部分原审被告人的，不得加重其他同案原审被告人的刑罚
检察员出庭	开庭审理的再审案件，同级检察院应当派员出庭
被告人不出庭的情形	开庭审理的再审案件，再审决定书或抗诉书只针对部分原审被告人，其他同案原审被告人不出庭不影响审理的，可以不出庭参加诉讼
强制措施的决定主体	（1）法院决定再审的案件，需要对被告人采取强制措施的，由法院决定 （2）检察院决定再审的案件，需要对被告人采取强制措施的，由检察院决定 【总结】谁决定再审，就由谁决定强制措施的适用
再审审限	作出提审、再审决定之日起3个月；需要延长的，经本院院长批准，可以延长3个月（3+3）

考点 3：再审的裁判结果 ★★★

原裁判认定事实和适用法律正确、量刑适当的	裁定驳回申诉或抗诉，维持原裁判
原裁判定罪准确、量刑适当，但在认定事实、适用法律等方面有瑕疵的	裁定纠正并维持原裁判
原裁判认定事实没有错误，但适用法律错误，或量刑不当的	撤销原裁判，依法改判
依照第二审程序审理的案件，原裁判事实不清或证据不足的	查清事实后改判，或撤销原判，发回重审
原裁判事实不清或证据不足，经审理事实已经查清的	根据查清的事实裁判
事实仍无法查清，证据不足，不能认定被告人有罪的	撤销原判，宣告被告人无罪

第十八章　执行

考点 1：执行的机关 ★★★

执行机关	刑罚类型
法院	死刑立即执行＋罚金＋没收财产＋无罪＋免除刑罚
监狱	有期徒刑（余刑超过 3 个月）＋无期徒刑＋死刑缓期执行
未成年犯管教所	未成年人监禁刑 【注意】未成年犯年满 18 周岁，剩余刑期不足 2 年的，可以留在未成年犯管教所执行刑罚
社区矫正机构	管制＋缓刑＋假释＋暂予监外执行
公安机关	拘役＋剥夺政治权利
看守所	被判处有期徒刑的罪犯，交付执行时剩余刑期为 3 个月以下的

考点 2：死刑立即执行的执行 ★★★

执行死刑命令的签发	最高法院院长
执行机关	（1）最高法院的执行死刑命令，由高级法院交付第一审法院执行 （2）在死刑缓期执行期间故意犯罪，最高法院核准执行死刑的，由罪犯服刑地的中级法院执行
执行期限	第一审法院接到执行死刑命令后，应当在 7 日内执行
执行方法	枪决＋注射 采用枪决、注射以外的其他方法执行死刑的，应当事先层报最高法院批准
执行场所	执行场所刑场或指定的羁押场所

（续）

具体程序	会见亲友	（1）第一审法院在执行死刑前，应当告知罪犯有权会见其近亲属 （2）罪犯申请会见并提供具体联系方式的，法院应当通知其近亲属 （3）罪犯申请会见未成年子女的，应当经未成年子女的监护人同意； 会见可能影响未成年人身心健康的，法院可以采取视频通话等方式安排会见，且监护人应当在场 （4）罪犯提出会见近亲属以外的亲友，可以在确保会见安全的情况下予以准许 （5）罪犯近亲属申请会见的，法院应当准许，并在执行死刑前及时安排会见，但罪犯拒绝会见的除外
	检察监督	第一审法院在执行死刑3日前，应当通知同级检察院派员临场监督
	验明正身	执行死刑前，指挥执行的审判人员对罪犯应当验明正身，讯问有无遗言、信札，并制作笔录，再交执行人员执行死刑
	执行公布	执行死刑应当公布，禁止游街示众或其他有辱罪犯人格的行为
	上报最高法院	（1）执行死刑后，应当由法医验明罪犯确实死亡，在场书记员制作笔录 （2）负责执行的法院应当在执行死刑后15日内将执行情况，包括罪犯被执行死刑前后的照片，上报最高法院
	通知家属	执行死刑后，交付执行的法院应当通知罪犯家属
死刑的停止执行	暂停执行的情形	（1）罪犯可能有其他犯罪的 （2）共同犯罪的其他犯罪嫌疑人到案，可能影响罪犯量刑的 （3）共同犯罪的其他罪犯被暂停或停止执行死刑，可能影响罪犯量刑的 （4）罪犯揭发重大犯罪事实或有其他重大立功表现，可能需要改判的 （5）罪犯怀孕的 （6）裁判可能有影响定罪量刑的其他错误的
	暂停执行后的审查	（1）下级法院发现：暂停执行，并立即将请求停止执行死刑的报告和相关材料层报最高法院：最高法院认为可能影响罪犯定罪量刑的，应当裁定停止执行死刑；认为不影响的，应当决定继续执行死刑 （2）最高法院发现：裁定停止执行死刑，并将有关材料移交下级法院 （3）下级法院接到最高法院停止执行死刑的裁定后，应当会同有关部门调查核实停止执行死刑的事由，并及时将调查结果和意见层报最高法院审核 （4）对下级法院报送的停止执行死刑的调查结果和意见，由最高法院原作出核准死刑裁判的合议庭负责审查，必要时，另行组成合议庭进行审查
	审查后的处理	（1）确认罪犯怀孕的，应当改判 （2）应当裁定不予核准死刑，撤销原判，发回重新审判： ①确认罪犯有其他犯罪，应当追诉的 ②确认原裁判有错误或罪犯有重大立功表现，需要改判的 （3）确认原裁判没有错误，罪犯没有重大立功表现，或重大立功表现不影响原裁判执行的，应当裁定继续执行死刑，并由最高法院院长重新签发执行死刑的命令

考点3：监外执行★★★

适用对象与条件（可以）	（1）被判处有期徒刑、拘役的罪犯： ①有严重疾病需要保外就医的（须省级政府指定的医院诊断并开具证明文件） ②怀孕或正在哺乳自己婴儿的妇女 ③生活不能自理，适用暂予监外执行不致危害社会的 【总结】病重、怀孕、不能自理 （2）被判处无期徒刑的罪犯：怀孕或正在哺乳自己婴儿的妇女 适用保外就医可能有社会危险性的罪犯，或自伤自残的罪犯，不得保外就医
批准／决定机关	（1）交付执行前：由交付执行的法院决定 （2）交付执行后：由监狱或看守所提出书面意见，报省级以上监狱管理机关或设区的市一级以上公安机关批准
社区矫正	决定暂予监外执行的，应当制作暂予监外执行决定书，通知罪犯居住地的县级司法行政机关派员办理交接手续，并将暂予监外执行决定书抄送罪犯居住地的县级检察院和公安机关
暂予监外执行的收监	（1）应当收监的情形： ①发现不符合暂予监外执行条件的 ②严重违反有关暂予监外执行监督管理规定的 ③暂予监外执行的情形消失后，罪犯刑期未满的 （2）决定收监的机关：谁决定监外执行，就由谁决定收监 （3）收监决定的效力：收监执行决定书，一经作出，立即生效 （4）不计入执行期限的情形： ①不符合暂予监外执行条件的罪犯通过贿赂等非法手段被暂予监外执行的 ②罪犯在暂予监外执行期间脱逃的，脱逃的期间不计入执行刑期

考点4：减刑、假释★★★

适用对象	减刑	被判处管制、拘役、有期徒刑、无期徒刑的罪犯
	假释	被判处有期徒刑、无期徒刑的罪犯 对累犯及因故意杀人、强奸、抢劫、绑架、放火、爆炸、投放危险物质、有组织的暴力性犯罪被判处10年以上有期徒刑、无期徒刑的罪犯，不得假释
适用条件	减刑	（1）遵守监规，接受改造，确有悔改表现的，或有立功表现的，可以减刑 （2）有重大立功表现的，应当减刑
	假释	（1）有期徒刑执行了原判刑期1/2以上的，无期徒刑实际执行了13年以上的 （2）遵守监规，接受改造，确有悔改表现，释放后不致危害社会的 【特殊假释】如有特殊情况，经最高法院核准，假释可不受刑期的限制
管辖法院	减刑	（1）无期徒刑：服刑地高院 （2）有期徒刑、管制、拘役：服刑地中院
	假释	（1）无期徒刑：服刑地高院 （2）有期徒刑：服刑地中院 【注意】管制、拘役可减刑，不可假释

（续）

开庭审理	应当开庭的情形	（1）因罪犯有重大立功表现报请减刑的 （2）报请减刑的起始时间、间隔时间或减刑幅度不符合司法解释一般规定的 （3）公示期间收到不同意见的 （4）检察院有异议的 （5）被报请减刑、假释罪犯系职务犯罪罪犯，组织（领导、参加、包庇、纵容）黑社会性质组织犯罪罪犯，破坏金融管理秩序和金融诈骗犯罪罪犯及其他在社会上有重大影响或社会关注度高的 【总结】重大立功、破格减刑、不同意见、"职务""黑""金"
	通知出庭	（1）应当通知：①检察院；②执行机关；③被报请减刑、假释的罪犯 （2）可以通知：①证明罪犯确有悔改表现或立功、重大立功表现的证人；②公示期间提出不同意见的人；③鉴定人、翻译人员等其他人员
	开庭地点	（1）刑罚执行场所 （2）法院确定的场所 （3）罪犯服刑地或居住地：在社区执行刑罚的罪犯因重大立功被报请减刑的
审理结果		（1）罪犯符合法律规定的减刑、假释条件的，作出予以减刑、假释的裁定 （2）罪犯符合法律规定的减刑条件，但执行机关报请的减刑幅度不适当的，对减刑幅度作出相应调整后作出予以减刑的裁定 （3）罪犯不符合法律规定的减刑、假释条件的，作出不予减刑、假释的裁定
减刑/假释的撤回		在法院作出减刑、假释裁定前，执行机关书面申请撤回减刑、假释建议的，是否准许，由法院决定
检察监督		检察院认为法院减刑、假释裁定不当，在法定期限内提出书面纠正意见的，法院应当在收到纠正意见后另行组成合议庭审理，并在1个月内作出裁定

第十九章　未成年人刑事案件诉讼程序

考点：未成年人刑事案件诉讼程序 ★★★★

慎用逮捕	（1）对未成年被追诉人，可捕可不捕的，应当不予逮捕 （2）检察院审查批准逮捕和法院决定逮捕，应当讯问未成年被追诉人，听取辩护律师的意见
分案处理	（1）**区别对待**：对被拘留、逮捕和执行刑罚的未成年人与成年人应当分别关押、分别管理、分别教育 （2）**起诉可并可分**：检察院办理未成年人与成年人共同犯罪案件，**一般**应当对未成年人与成年人分案办理、分别起诉。不宜分案处理的，应当对未成年人采取隐私保护、快速办理等特殊保护措施 （3）**审理可并可分**：对分案起诉至同一法院的未成年人与成年人共同犯罪案件，可以由同一个审判组织审理；不宜由同一个审判组织审理的，可以分别由少年法庭、刑事审判庭审理
未成年人案件审判组织的审理范围	（1）下列案件可以由未成年人案件审判组织审理： ①法院立案时**不满22周岁的在校学生**犯罪案件 ②强奸、猥亵、虐待、遗弃未成年人等**侵害未成年人人身权利**的犯罪案件 ③由未成年人案件审判组织审理更为适宜的其他案件 （2）共同犯罪案件有未成年被告人的或其他涉及未成年人的刑事案件，是否由未成年人案件审判组织审理，由院长根据实际情况决定
合适成年人在场制度	（1）讯问和审判未成年人，应当通知未成年被追诉人的法定代理人到场 （2）其他成年亲属到场：无法通知、法定代理人不能到场或法定代理人是共犯的，也可以通知未成年被追诉人的其他成年亲属，所在学校、单位、居住地基层组织或未成年人保护组织的代表到场，并将有关情况记录在案 （3）到场的法定代理人可以代为行使未成年被追诉人的诉讼权利 （4）到场的法定代理人或其他人员认为办案人员在讯问、审判中侵犯未成年人合法权益的，可以提出意见。讯问笔录、法庭笔录应当交给到场的法定代理人或其他人员阅读或向他宣读
讯问女性	讯问女性未成年犯罪嫌疑人，应当有女工作人员在场
补充陈述	审判未成年人案件，未成年被告人最后陈述后，其**法定代理人**可以进行补充陈述
询问证人、被害人	询问未成年证人、被害人，同样适用讯问未成年被追诉人的规定

（续）

不公开审理	（1）开庭审理时被告人不满 18 周岁的案件，一律不公开审理 （2）经未成年被告人及其法定代理人同意，未成年被告人所在学校和未成年人保护组织可以派代表到场 （3）到场代表的人数和范围，由法庭决定 （4）到场代表经法庭同意，可以参与对未成年被告人的法庭教育工作 （5）对依法公开审理，但可能需要封存犯罪记录的案件，不得组织人员旁听 （6）对未成年人刑事案件宣告判决应当公开进行，但不得采取召开大会等形式		
简易程序征得同意	（1）对未成年人刑事案件，法院决定适用简易程序审理的，应当征求未成年被告人及其法定代理人、辩护人的意见 （2）上述人员提出异议的，不适用简易程序		
慎用戒具	（1）在法庭上不得对未成年被告人使用戒具，但被告人人身危险性大，可能妨碍庭审活动的除外 （2）必须使用戒具的，在现实危险消除后，应当立即停止使用		
附条件不起诉	适用条件	对于未成年人： （1）涉嫌刑法分则第四章（侵犯公民人身权利、民主权利罪）、第五章（侵犯财产罪）、第六章（妨害社会管理秩序罪）规定的犯罪 （2）可能判处 1 年有期徒刑以下刑罚 （3）符合起诉条件 （4）有悔罪表现 检察院可以作出附条件不起诉的决定	
	程序要件	听取意见	检察院在作出附条件不起诉的决定前，应当听取公安机关、被害人、未成年犯罪嫌疑人及其法定代理人、辩护人的意见，并制作笔录附卷 【注意】应当听取被害人意见，无须征得被害人同意
		异议处理	对附条件不起诉的决定，公安机关要求复议、提请复核或被害人申诉的，适用对其他不起诉的规定 【注意】对附条件不起诉决定不得"转自诉"
		对被不起诉人异议的处理	（1）未成年犯罪嫌疑人及其法定代理人对决定附条件不起诉有异议的，检察院应当作出起诉的决定 （2）检察院作出起诉决定前，未成年犯罪嫌疑人及其法定代理人撤回异议的，检察院可以作出附条件不起诉决定 （3）未成年犯罪嫌疑人及其法定代理人对案件作附条件不起诉处理没有异议，仅对所附条件及考验期有异议的，检察院可以对考察的内容、方式、时间等进行调整

（续）

附条件 不起诉	考验监督	考验机关	检察院 检察院可以**会同**（注意：不能"委托"）未成年犯罪嫌疑人的监护人、所在学校、单位、居住地的村民委员会、居民委员会、未成年人保护组织等的有关人员，定期对未成年犯罪嫌疑人进行考察、教育，实施跟踪帮教
		考验期	（1）6—12 月；从**作出**附条件不起诉的决定之日起计算 （2）考验期不计入案件审查起诉期限 （3）考验期的长短应当与未成年犯罪嫌疑人所犯罪行的轻重、主观恶性的大小和人身危险性的大小、一贯表现及帮教条件等相适应，根据未成年犯罪嫌疑人在考验期的表现，可以在**法定期限范围**内适当缩短或延长
		考验期 义务	（1）遵守法律法规，服从监督 （2）按照考察机关的规定报告自己的活动情况 （3）离开所居住的市、县或迁居，应当报经考察机关批准 （4）接受矫治和教育
	处理结果	撤销附条件不起诉决定，提起公诉	（1）实施新的犯罪或发现决定附条件不起诉以前还有其他犯罪需要追诉的 （2）违反治安管理规定或考察机关有关附条件不起诉的监督管理规定，情节严重（多次违反规定或造成严重后果）的 【总结】*新罪漏罪 + 严重违规*
		作出不起诉决定	在考验期内没有上述情形，考验期满的 考验期满作出不起诉的决定以前，应当听取被害人意见
犯罪记录封存（应当）	适用对象		**犯罪时**不满 18 周岁 + 被判处 5 年有期徒刑以下刑罚 检察院对未成年犯罪嫌疑人作出不起诉决定后，应当对相关记录予以封存
	封存义务		（1）犯罪记录被封存的，不得向任何单位和个人提供，但司法机关为办案需要或有关单位根据国家规定进行查询的除外 （2）司法机关或有关单位需要查询犯罪记录的，应当向封存犯罪记录的检察院提出书面申请，检察院应当在 7 日以内作出是否许可的决定 （3）依法进行查询的单位，应当对被封存的犯罪记录的情况予以保密
	解除封存		被封存犯罪记录的未成年人，如果发现漏罪，且漏罪与封存记录之罪数罪并罚后被决定执行 5 年有期徒刑以上刑罚的，应当对其犯罪记录解除封存

第二十章　当事人和解的公诉案件诉讼程序

考点：当事人和解的公诉案件诉讼程序★★

案件范围	（1）因民间纠纷引起，涉嫌刑法分则第四章（侵犯公民人身权利、民主权利罪）、第五章（侵犯财产罪）规定的犯罪案件，可能判处 3 年有期徒刑以下刑罚的 （2）除渎职犯罪以外的可能判处 7 年有期徒刑以下刑罚的过失犯罪案件 【总结】 故意犯罪：民间纠纷＋ 4 章、5 章＋ 3 年以下 过失犯罪：渎职以外＋ 7 年以下
适用条件	（1）积极条件：①公诉案件；②被追诉人真诚悔罪；③通过向被害人赔偿损失、赔礼道歉等方式获得被害人谅解；④双方当事人自愿和解 （2）消极条件：被追诉人在 5 年内曾经故意犯罪
和解主体	（1）被害人死亡的，其近亲属可以与被告人和解 近亲属有多人的，达成和解协议，应当经处于同一继承顺序的所有近亲属同意 （2）被害人系无行为能力或限制行为能力人的，其法定代理人、近亲属可以代为和解 （3）被告人的近亲属经被告人同意，可以代为和解 （4）被告人系限制行为能力人的，其法定代理人可以代为和解 被告人的法定代理人、近亲属代为和解的，和解协议约定的赔礼道歉等事项，应当由被告人本人履行
和解事项	（1）双方当事人可以就赔偿损失、赔礼道歉等民事责任事项进行和解，且可就被害人及其法定代理人或近亲属是否要求或同意公安机关、检察院、法院对犯罪嫌疑人从宽处理进行协商 （2）不得对案件的事实认定、证据采信、法律适用和定罪量刑等依法属于公安机关、检察院、法院职权范围的事宜进行协商
和解协议书	（1）双方当事人自行和解：公安机关、检察院、法院应当听取当事人和其他有关人员的意见，对和解的自愿性、合法性进行审查，并主持制作和解协议书 （2）检察院主持和解：和解协议书应当由双方当事人签字，可以写明和解协议书系在检察院主持下制作。检察人员不在和解协议书上签字，也不加盖检察院印章。和解协议书一式三份，双方当事人各持一份，另一份交检察院附卷备查 （3）法院主持和解：和解协议书应当由双方当事人和审判人员签名，但不加盖法院印章。和解协议书一式三份，双方当事人各持一份，另一份交法院附卷备查。对和解协议中的赔偿损失内容，双方当事人要求保密的，法院应当准许，并采取相应的保密措施

（续）

和解协议书的审查	（1）对公安机关、检察院主持制作的和解协议书，当事人提出异议的，法院应当审查 （2）经审查，和解自愿、合法的，予以确认，无须重新制作和解协议书 （3）和解不具有自愿性、合法性的，应当认定无效 （4）和解协议被认定无效后，双方当事人重新达成和解的，法院应当主持制作新的和解协议书
和解协议的履行	和解协议约定的赔偿损失内容，被告人应当在协议签署后即时履行 【附带民事调解书】被害人或其法定代理人、近亲属提起附带民事诉讼后，双方愿意和解，但被告人不能即时履行全部赔偿义务的，法院应当制作附带民事调解书 【分期履行】难以一次性履行的，可以分期履行
和解协议的反悔	和解协议已全部履行，当事人反悔的，法院不予支持，但有证据证明和解违反自愿、合法原则的除外 双方当事人在侦查、审查起诉期间已经达成和解协议并全部履行，被害人或其法定代理人、近亲属又提起附带民事诉讼的，法院不予受理，但有证据证明和解违反自愿、合法原则的除外
和解的阶段与处理结果	（1）**侦查**：公安机关可以向检察院提出从宽处理的建议 （2）**审查起诉**：检察院可以向法院提出从宽处理的建议，或作出不起诉决定 （3）**审判**：法院可以对被告人从宽处罚

第二十一章　缺席审判程序

扫描右侧二维码"听课+做题"，直达最佳学习效果
1. 在线听课：学习本章节核心考点讲解课程。
2. 在线刷题：点击⌂进入题库做章节练习。

考点：缺席审判程序★★★

适用对象	（1）被追诉人在境外的"国""恐""贪"案件： ①贪污贿赂犯罪；②需要及时进行审判，经最高检察院核准的严重危害国家安全犯罪、恐怖活动犯罪案件，被追诉人在境外，监察机关、公安机关移送起诉，检察院可以向法院提起公诉，法院可以缺席审判 【注意】严重"国""恐"案件的缺席审判，须经最高检核准 （2）被告人病重无法出庭：被告人患有严重疾病无法出庭，中止审理超过6个月，被告人仍无法出庭，被告人及其法定代理人、近亲属申请或同意恢复审理的，法院可以在被告人不出庭的情况下缺席审理 （3）被告人死亡： ①被告人死亡的，法院应当裁定终止审理，但有证据证明被告人无罪，法院经缺席审理确认无罪的，应当依法作出判决 ②按照审判监督程序重新审判的案件，被告人死亡的，法院可以缺席审理
管辖法院	中级法院：①犯罪地；②被告人离境前居住地；③最高法院指定 【注意】被告人病重无法出庭或死亡案件，可由基层法院进行缺席审判
审判组织	合议庭
文书送达	（1）送达文书：传票+起诉书副本 （2）送达方式：①有关国际条约规定的方式；②外交途径提出的司法协助方式；③被告人所在地法律允许的其他方式 （3）送达效果：传票和起诉书副本送达后，被告人未按要求到案的，法院应当开庭审理，依法作出判决，并对违法所得及其他涉案财产作出处理
必须有辩护人	（1）委托辩护：被告人有权委托辩护人，被告人的近亲属可以代为委托辩护人 （2）指定辩护：被告人及其近亲属没有委托辩护人的，法院应当通知法律援助机构指派律师为其辩护
裁判送达	法院应当将判决书送达被告人及其近亲属、辩护人
程序救济	（1）可上诉： ①独立上诉权主体：被告人或其近亲属不服判决的，有权向上一级法院上诉 【比较】在普通程序中，被告人的近亲属没有独立的上诉权 ②非独立上诉权主体：辩护人经被告人或其近亲属同意，可以提出上诉 （2）可抗诉：检察院认为法院的判决确有错误的，应当向上一级法院提出抗诉

（续）

被告人到案的处理	（1）**审查起诉期间到案**：审查起诉期间，犯罪嫌疑人自动投案或被抓获的，检察院应当重新审查
	（2）**审理过程中到案**：在审理过程中，被告人自动投案或被抓获的，法院应当重新审理。**检察院应当商法院将案件撤回并重新审查**
	（3）**交付执行前到案**： ①罪犯在裁判生效后到案的，法院应当将罪犯交付执行刑罚 ②交付执行刑罚前，法院应当告知罪犯有权对裁判提出异议 ③罪犯对裁判**提出异议**的，法院应当重新审理
	【比较】被告人在裁判生效前后到案都可能引发重新审理。两者区别在于，裁判生效前到案，必然引发重新审理；裁判生效后，交付执行前到案的，则只有在被告人提出异议的情况下，才必然引发重新审理
	（4）依照生效裁判对罪犯的财产进行的处理确有错误的，应当予以返还、赔偿

第二十二章　犯罪嫌疑人、被告人逃匿、死亡案件违法所得的没收程序

考点：犯罪嫌疑人、被告人逃匿、死亡案件违法所得的没收程序★★

适用条件	（1）逃匿：被追诉人实施了贪污贿赂犯罪、恐怖活动犯罪等重大犯罪[①]后逃匿，在**通缉1年**后不能到案 【重大犯罪】①可能被判处无期徒刑以上刑罚的；②案件在本省、自治区、直辖市或全国范围内有较大影响的 （2）死亡：被追诉人死亡
没收对象	（1）实施犯罪行为所取得的财物及其孳息 （2）被告人非法持有的违禁品 （3）供犯罪所用的**本人财物**
启动方式	（1）依申请： ①公安机关应当写出没收违法所得意见书，移送检察院 ②检察院可以向法院提出没收违法所得的申请（注意：申请启动罚没程序的主体是检察机关） 没收违法所得的申请应当提供与犯罪事实、违法所得相关的证据材料，并列明财产的种类、数量、所在地及查封、扣押、冻结的情况 （2）依职权：法院在必要的时候，可以查封、扣押、冻结申请没收的财产

---

①　《最高人民法院、最高人民检察院关于适用犯罪嫌疑人、被告人逃匿、死亡案件违法所得没收程序若干问题的规定》第1条规定，下列犯罪案件，应当认定为《刑事诉讼法》第280条（现为第298条）第1款规定的"犯罪案件"：

（1）贪污、挪用公款、巨额财产来源不明、隐瞒境外存款、私分国有资产、私分罚没财物犯罪案件；

（2）受贿、单位受贿、利用影响力受贿、行贿、对有影响力的人行贿、对单位行贿、介绍贿赂、单位行贿犯罪案件；

（3）组织、领导、参加恐怖组织，帮助恐怖活动，准备实施恐怖活动，宣扬恐怖主义、极端主义、煽动实施恐怖活动，利用极端主义破坏法律实施，强制穿戴宣扬恐怖主义、极端主义服饰、标志，非法持有宣扬恐怖主义、极端主义物品犯罪案件；

（4）危害国家安全、走私、洗钱、金融诈骗、黑社会性质的组织、毒品犯罪案件。

电信诈骗、网络诈骗犯罪案件，依照前款规定的犯罪案件处理。

（续）

财产保全	检察院尚未查封、扣押、冻结申请没收的财产或查封、扣押、冻结期限即将届满，涉案财产有被隐匿、转移或毁损、灭失危险的，法院可以查封、扣押、冻结申请没收的财产
审理程序	（1）**管辖法院**：犯罪地或被追诉人居住地的**中级**法院 （2）**审判组织**：合议庭 （3）**公告**： ①法院受理没收违法所得的申请后，应当在 15 日内发出公告 ②公告期间为 6 个月 ③公告期间，被追诉人的近亲属和其他利害关系人有权申请参加诉讼，也可以委托诉讼代理人参加诉讼 被追诉人的近亲属和其他利害关系人申请参加诉讼的，原则上应当在公告期间提出。在公告期满后申请参加诉讼，能够合理说明原因，并提供证明申请没收的财产系其所有的证据材料的，法院应当准许 （4）**审理方式**： ①**应当**开庭：利害关系人参加或者委托诉讼代理人参加诉讼的 ②**可以**不开庭：没有利害关系人申请参加诉讼，或利害关系人及其诉讼代理人无正当理由拒不到庭的 （5）**审理结果**： ①对经查证属于违法所得及其他涉案财产，除依法返还被害人的以外，应当**裁定**予以没收 ②对不属于应当追缴的财产的，应当裁定驳回申请，解除查封、扣押、冻结措施 （6）**救济方式**：对没收违法所得或驳回申请的裁定，被追诉人的近亲属和其他利害关系人或检察院可以在 5 日内提出上诉、抗诉
程序转化	（1）在审理申请没收违法所得的案件过程中，在逃被告人到案的，法院应当裁定终止审理。检察院向原受理申请的法院提起公诉的，可以由同一审判组织审理 （2）没收违法所得裁定生效后，被告人到案并对没收裁定提出异议，检察院向原作出裁定的法院提起公诉的，可以由同一审判组织审理

第二十三章　依法不负刑事责任的精神病人的强制医疗程序

扫描右侧二维码"听课 + 做题"，直达最佳学习效果
1. 在线听课：学习本章节核心考点讲解课程。
2. 在线刷题：点击📱进入题库做章节练习。

考点：依法不负刑事责任的精神病人的强制医疗程序★★

适用条件	（1）实施暴力行为，危害公共安全或严重危害公民人身安全 （2）经法定程序鉴定为依法不负刑事责任的精神病人 （3）有继续危害社会可能的
启动方式	（1）**依申请：** ①公安机关发现精神病人符合强制医疗条件的，应当写出强制医疗意见书，移送检察院 ②**检察院**对于公安机关移送的或在审查起诉过程中发现的精神病人符合强制医疗条件的，应当向法院提出强制医疗的申请 （2）**依职权：**法院在审理案件过程中发现被告人符合强制医疗条件的，可以作出强制医疗的决定
执行机关	公安机关 对实施暴力行为的精神病人，在法院决定强制医疗前，公安机关可以采取临时的保护性约束措施
审理程序	（1）**管辖法院：** ①被申请人实施暴力行为所在地的基层法院 ②被申请人居住地的基层法院（更为适宜时） （2）**审判组织：**合议庭 （3）**通知到庭：**法院审理强制医疗案件，应当通知被申请人或被告人的法定代理人到场 （4）**法律帮助：**被申请人或被告人没有委托诉讼代理人的，法院**应当**通知法律援助机构指派律师为其提供法律**帮助** （5）**审理方式：** ①应当开庭，但被申请人、被告人的法定代理人请求不开庭审理，并经法院审查同意的除外 ②审理检察院申请强制医疗的案件，应当会见被申请人 （6）**审理结果：** ①符合强制医疗条件的，应当作出对被申请人强制医疗的**决定** ②被申请人属于依法不负刑事责任的精神病人，但不符合强制医疗条件的，应当作出驳回强制医疗申请的决定 ③被申请人具有完全或部分刑事责任能力，依法应当追究刑事责任的，应当作出驳回强制医疗申请的决定，并退回检察院处理 （7）**审理期限：**1 个月

（续）

审理程序	（8）**救济方式**：被决定强制医疗的人、被害人及其法定代理人、近亲属对强制医疗决定不服的，可以向**上一级**法院申请复议 （9）**检察监督：** 法院作出宣告被告人无罪或不负刑事责任的判决和强制医疗决定的，检察院认为判决确有错误的，应当依法提出抗诉；对强制医疗决定不当或未作出强制医疗的决定不当的，应当提出纠正意见 【总结】判决有误———抗诉；决定不当———提出纠正意见
强制医疗的评估与解除	（1）强制医疗机构应当定期对被强制医疗的人进行诊断评估 （2）对于已不具有人身危险性，不需要继续强制医疗的，应当及时提出解除意见，报**决定强制医疗的法院批准** （3）被强制医疗的人及其近亲属有权向决定强制医疗的法院申请解除强制医疗 （4）被强制医疗的人及其近亲属提出的解除强制医疗申请被法院驳回，6个月后再次提出申请的，法院应当受理

第二十四章　涉外刑事诉讼程序
与司法协助制度

扫描右侧二维码"听课 + 做题"，直达最佳学习效果
1. 在线听课：学习本章节核心考点讲解课程。
2. 在线刷题：点击 🏠 进入题库做章节练习。

考点 1：涉外刑事诉讼程序★

涉外程序的范围	（1）诉讼活动涉及外国人（包括无国籍人） （2）诉讼活动需要在外国进行
国籍确认	（1）外国人的国籍，根据其入境时持用的有效证件确认 （2）国籍不明的，根据公安机关或有关国家驻华使领馆出具的证明确认 （3）国籍无法查明的，以无国籍人对待，适用涉外刑事诉讼程序有关规定，在裁判文书中写明"国籍不明"
管辖法院	除刑事诉讼法规定应由中级以上法院管辖的以外，由基层法院管辖 必要时，中级法院可以指定辖区内若干基层法院集中管辖第一审涉外刑事案件，也可以提审基层法院管辖的第一审涉外刑事案件
适用法律	适用中国刑事法律与信守国际条约相结合
权利义务	外国籍被追诉人享有中国法律规定的诉讼权利并承担中国法律规定的诉讼义务
语言文字	（1）法院审判涉外刑事案件，使用中华人民共和国通用的语言、文字，应当为外国籍当事人提供翻译 （2）法院的诉讼文书为中文本 （3）外国籍当事人不通晓中文的，应当附有外文译本，译本不加盖法院印章，以中文本为准 （4）外国籍当事人通晓中国语言、文字，拒绝他人翻译，或不需要诉讼文书外文译本的，应当由其本人出具书面声明
委托律师	应当委托中国律师进行辩护或代理
限制出境	（1）对涉外刑事案件的被告人，可以决定限制出境 （2）对开庭审理案件时必须到庭的证人，可以要求暂缓出境 （3）作出限制出境的决定，应当通报同级公安机关或国家安全机关；限制外国人出境的，应当同时通报同级人民政府外事主管部门和当事人国籍国驻华使领馆

考点 2：司法协助制度★★

依据	（1）国家间签订的刑事司法协助条约 （2）国家间共同参加的国际公约 （3）临时达成的互惠协议 （4）国内法律规定
主体	请求国司法机关 + 接受请求国司法机关
内容	（1）**狭义**：①文书送达；②询问证人、鉴定人；③物品移交；④提供有关法律资料 （2）**广义**：包括引渡
境外证据材料的使用	（1）对来自境外的证据材料，经审查，能够证明案件事实且符合刑事诉讼法规定的，可以作为证据使用，但提供人或我国与有关国家签订的双边条约对材料的使用范围有明确限制的除外 （2）材料来源不明或其真实性无法确认的，不得作为定案的根据 （3）当事人及其辩护人、诉讼代理人提供来自境外的证据材料的，该证据材料应当经所在国公证机关证明，所在国中央外交主管机关或其授权机关认证，并经我国驻该国使领馆认证
文书送达	法院向在中华人民共和国领域外居住的当事人送达刑事诉讼文书，可以采用下列方式： ①根据受送达人所在国与中华人民共和国缔结或共同参加的**国际条约规定的方式**送达 ②通过**外交途径**送达 ③对中国籍当事人，**所在国法律允许或经所在国同意的**，可以委托我国驻受送达人所在国的使领馆代为送达 ④当事人是自诉案件的自诉人或附带民事诉讼原告人的，可以向有权代其接受送达的诉讼代理人送达 ⑤当事人是外国单位的，可以向其在中华人民共和国领域内设立的**代表机构**或有权接受送达的**分支机构**、**业务代办人**送达 ⑥受送达人所在国法律允许的，可以**邮寄**送达；自邮寄之日起满 3 个月，送达回证未退回，但根据各种情况足以认定已经送达的，视为送达 ⑦受送达人所在国法律允许的，可以采用**传真、电子邮件**等能够确认受送达人收悉的方式送达